DR. OETKER

PLÄTZCHEN & CO

Kleingebäck, Kekse und Konfekt

DR. OETKER

PLÄTZCHEN & CO

Kleingebäck, Kekse und Konfekt

CERES

Vorwort

„Plätzchen & Co." enthält eine bunte Vielfalt an Rezepten für die Advents- und Weihnachtszeit, die nicht nur Backfans begeistern, sondern auf geheimnisvolle Weise auch die größten Backmuffel an den Backofen locken werden. Vor allem Kinder werden ihren Spaß daran haben, beim Kneten, Ausrollen und Ausstechen mitzumachen.

Ob Plätzchen, Kleingebäck, Kuchen, Torten oder Konfekt, es ist für jeden etwas dabei: von bewährten Klassikern wie Schwarz-Weiß-Gebäck, Kokosmakronen, Spritzgebäck, Stollen oder Knusperhäuschen bis hin zu pfiffigen neuen Rezepten wie Mozart-Ravioli, Glühweinmuffins, White-Chocolate-Cookies, Weißweinplätzchen, Nuss-Cappuccino-Ecken und Spekulatiustorte.

Wir geben Ihnen viele tolle Anregungen, um die Plätzchendosen für Weihnachten randvoll zu füllen. So tolle Anregungen, dass das Gebäck bis dahin vielleicht bereits vernascht ist und noch ganz schnell nachgebacken werden muss.

Das Beste an den Rezepten aber ist, dass das Gebäck meist nicht nur zur Weihnachtszeit schmeckt, also verlängern Sie doch einfach die schönste Backzeit des Jahres.

Abkürzungen

EL = Esslöffel
TL = Teelöffel
Msp. = Messerspitze
Pck. = Packung / Päckchen
g = Gramm
kg = Kilogramm
ml = Milliliter
l = Liter
evtl. = eventuell
geh. = gehäuft
gestr. = gestrichen
TK = Tiefkühlprodukt
°C = Grad Celsius
Ø = Durchmesser
E = Eiweiß
F = Fett
KH = Kohlenhydrate
kcal = Kilokalorie
kj = Kilojoule

Hinweise zu den Rezepten

Die in den Rezepten angegebenen Backtemperaturen und -zeiten sind Richtwerte, die je nach individueller Hitzeleistung des Backofens bzw. Material der verwendeten Backform über- oder unterschritten werden können. Bitte machen Sie nach Beendigung der Backzeit eine Garprobe.
Für Konfekt, das mit rohen Eiern zubereitet wird, nur ganz frische Eier verwenden, die nicht älter als 5 Tage sind (Legedatum beachten).

Zubereitungszeiten

Die Zubereitungszeit beinhaltet nur die reine Vorbereitungszeit, d. h. Backzeit und besonders lange Wartezeiten, wie z. B. Kühlzeiten, sind nicht mit einbezogen.

Kapitelübersicht

Kapitelübersicht

Kokosplätzchen

Zutaten

Für den Knetteig:
250 g Weizenmehl
1 Msp. Backpulver
75 g Zucker
1 Pck. Vanillin-Zucker
2 Eigelb (Größe M)
125 g Butter oder Margarine

Für den Belag:
3 Eiweiß (Größe M)
150 g Zucker
175 g Kokosraspel
3 Tropfen Bittermandel-Aroma

1 Eigelb
1 TL Milch

Zubereitungszeit:
45 Minuten

Insgesamt:
E: 57 g, F: 230 g, Kh: 427 g,
kJ: 17132, kcal: 4093

RAFFINIERT

1 Für den Teig Mehl mit Backpulver mischen und in eine Rührschüssel sieben. Zucker, Vanillin-Zucker, Eigelb und Butter oder Margarine hinzufügen.

2 Die Zutaten mit Handrührgerät mit Knethaken zunächst kurz auf niedrigster, dann auf höchster Stufe gut durcharbeiten. Anschließend auf der Arbeitsfläche zu einem glatten Teig verkneten, sollte er kleben, ihn eine Zeitlang kalt stellen.

3 Den Teig dünn ausrollen und gleichviele Plättchen in zwei verschiedenen Größen (Ø etwa 4,5 und 2 cm) ausstechen. Die größeren Plättchen auf gefettete Backbleche legen.

4 Für den Belag Eiweiß sehr steif schlagen, so dass ein Messerschnitt sichtbar bleibt. Zucker unterschlagen. Kokosraspel und Bittermandel-Aroma unterheben und die Kokosmasse in Häufchen auf die Teigplättchen geben. Jeweils ein kleines Teigplättchen schräg daranlegen.

5 Eigelb mit Milch verschlagen und die kleinen Teigplättchen damit bestreichen.

Ober-/Unterhitze: etwa 200 °C (vorgeheizt)
Heißluft: etwa 180 °C (vorgeheizt)
Gas: etwa Stufe 4 (vorgeheizt)
Backzeit: 10–15 Minuten pro Backblech

6 Die Kokosplätzchen vom Backblech nehmen und erkalten lassen.

Tipp: *Die Kokosplätzchen sind etwa 2 Wochen haltbar.*

Schoko-Nuss-Sterne

(Foto)

Zutaten

Für den Rühr-Knet-Teig:
1 Ei (Größe M)
1 Eigelb (Größe M)
125 g Zucker
1 Pck. Vanillin-Zucker
1 Prise Salz
1 geh. TL Instant-Kaffeepulver
60 g Zartbitterschokolade
etwa 225 g Haselnusskerne
1 Msp. Backpulver

Für den Guss:
1 Eiweiß (Größe M)
50 g gesiebter Puderzucker
evtl. 2–3 Tropfen Wasser

Zubereitungszeit:
45 Minuten

Insgesamt:
E: 51 g, F: 172 g, Kh: 233 g,
kJ: 11568, kcal: 2762

FÜR GÄSTE

1 Für den Teig Ei, Eigelb, Zucker, Vanillin-Zucker, Salz und Kaffeepulver mit Handrührgerät mit Rührbesen auf höchster Stufe schaumig schlagen.

2 Schokolade in kleine Stücke brechen, in einem kleinen Topf im Wasserbad bei schwacher Hitze zu einer geschmeidigen Masse verrühren und unter die Eimasse rühren. Haselnusskerne mit Backpulver mischen, ⅔ davon auf mittlerer Stufe unterrühren, den Rest unterkneten. Den Teig kalt stellen.

3 Für den Guss Eiweiß steif schlagen. Puderzucker portionsweise unterschlagen. Evtl. Wasser unterschlagen, damit die Masse streichfähig ist.

4 Den Teig etwa ½ cm dick auf der leicht bemehlten Arbeitsfläche ausrollen. Sterne ausstechen und auf ein mit Backpapier belegtes Backblech legen. Die Sterne dick mit dem Guss bestreichen.

Ober-/Unterhitze: etwa 140 °C (vorgeheizt)
Heißluft: etwa 120 °C (vorgeheizt)
Gas: etwa Stufe 2 (vorgeheizt)
Backzeit: 25–30 Minuten pro Backblech.

Tipps: *Nach Belieben 1 gestrichenen Teelöffel gesiebtes Kakaopulver unter den Guss rühren. Die Sterne sind 3–4 Wochen haltbar.*

Butterplätzchen

Zutaten

Für den Knetteig:
250 g Butter
125 g gesiebter Puderzucker
2 Pck. Vanillin-Zucker
300 g Weizenmehl
1 EL Milch

Zubereitungszeit:
45 Minuten, ohne Kühlzeit

Insgesamt:
E: 34 g, F: 208 g, Kh: 364 g,
kJ: 14968, kcal: 3576

FÜR KINDER

1 Für den Teig Butter zerlassen und kalt stellen. In die erkaltete, wieder etwas festgewordene Butter nach und nach esslöffelweise Puderzucker und Vanillin-Zucker geben und so lange rühren, bis die Masse weißschaumig geworden ist.

2 Mehl sieben, ⅔ davon portionsweise unterrühren, wenn der Teig fester wird, Milch hinzufügen. Das restliche Mehl mit dem Teigbrei zu einem glatten Teig verkneten.

3 Den Teig in kleinen Mengen auf der leicht bemehlten Arbeitsfläche dünn ausrollen, mit kleinen, beliebigen Formen ausstechen und auf gefettete Backbleche legen.

Ober/Unterhitze: etwa 200 °C (vorgeheizt)
Heißluft: etwa 180 °C (vorgeheizt)
Gas: etwa Stufe 4 (vorgeheizt)
Backzeit: etwa 5 Minuten pro Backblech.

Kosakentaler

Zutaten

Für den Knetteig:
300 g Weizenmehl
½ gestr. TL Backpulver
100 g Zucker
1 Pck. Vanillin-Zucker
3 EL Milch
150 g Butter oder Margarine

Für die Füllung:
150 g dunkler Nuss-Nougat

etwa 50 g gemahlene Haselnusskerne

Zubereitungszeit:
50 Minuten

Insgesamt:
E: 53 g, F: 199 g, Kh: 421 g,
kJ: 15897, kcal: 3799

RAFFINIERT

1 Für den Teig Mehl mit Backpulver mischen und in eine Rührschüssel sieben. Zucker, Vanillin-Zucker, Milch und Butter oder Margarine hinzufügen. Die Zutaten mit Handrührgerät mit Knethaken zunächst kurz auf niedrigster, dann auf höchster Stufe gut durcharbeiten.

2 Anschließend auf der Arbeitsfläche zu einem glatten Teig verkneten. Sollte er kleben, ihn eine Zeitlang kalt stellen.

3 Den Teig auf der leicht bemehlten Arbeitsfläche dünn ausrollen, Plättchen (Ø etwa 4 cm) ausstechen und auf gefettete Backbleche legen.

Ober-/Unterhitze: etwa 200 °C (vorgeheizt)
Heißluft: etwa 180 °C (vorgeheizt)
Gas: etwa Stufe 4 (vorgeheizt)
Backzeit: 8–10 Minuten pro Backblech

4 Die Plätzchen vom Backblech nehmen und erkalten lassen.

5 Für die Füllung Nuss-Nougat in einem kleinen Topf im Wasserbad bei schwacher Hitze zu einer geschmeidigen Masse verrühren und die Hälfte der Plätzchen auf der Unterseite damit bestreichen.

6 Die restlichen Plätzchen mit der Unterseite darauf legen, gut andrücken und die herausgedrückte Füllung am Rand verstreichen. Dann die Plätzchen mit dem Rand durch die Haselnüsse rollen und die Füllung fest werden lassen.

Tipps: *Die Milch kann auch durch Sherry oder Weinbrand ersetzt werden.*
Die Kosakentaler sind etwa 4 Wochen haltbar.

Großmutters Eierkränze

Zutaten

(etwa 80 Stück)

Für den Knetteig:
3 hartgekochte Eigelb (Größe M)
250 g Weizenmehl
125 g Zucker
250 g Butter oder Margarine

Kondensmilch
Zimt-Zucker

Zubereitungszeit:
30 Minuten

Insgesamt:
E: 37 g, F: 224 g, Kh: 316 g,
kJ: 14822, kcal: 3542

EINFACH

1 Für den Teig Eigelb durch ein Sieb streichen. Mehl in eine Rührschüssel sieben. Eigelb, Zucker und Butter oder Margarine hinzufügen.

2 Die Zutaten mit Handrührgerät mit Knethaken zunächst kurz auf niedrigster, dann auf höchster Stufe gut durcharbeiten. Anschließend auf der Arbeitsfläche zu einem glatten Teig verarbeiten. Den Teig auf der leicht bemehlten Arbeitsfläche etwa 3 mm dünn ausrollen, Ringe ausstechen und auf gefettete, mit Backpapier belegte Backbleche legen.

3 Die Teigringe mit Kondensmilch bestreichen und mit Zimt-Zucker bestreuen.

Ober-/Unterhitze: etwa 200 °C (vorgeheizt)
Heißluft: etwa 180 °C (vorgeheizt)
Gas: etwa Stufe 4 (vorgeheizt)
Backzeit: 8–10 Minuten pro Backblech

4 Die Kränze vom Backblech nehmen und erkalten lassen.

Tipps: *Nach Belieben zusätzlich 2 Esslöffel Rum oder Cognac unter den Teig kneten.*
Die Eierkränze halten sich in einer gut schließenden Dose etwa 4 Wochen.

Rahmtaler

Zutaten

(etwa 80 Stück)

Für den Knetteig:
250 g Weizenmehl
200 g Butter oder Margarine
5 EL saure Sahne oder Schmand (Sauerrahm)

Kondensmilch
Hagelzucker
Zimt-Zucker

Zubereitungszeit:
25 Minuten, ohne Kühlzeit

Insgesamt:
E: 31 g, F: 175 g, Kh: 237 g,
kJ: 11495, kcal: 2747

FÜR KINDER

1 Für den Teig Mehl in eine Rührschüssel sieben. Butter oder Margarine und saure Sahne oder Schmand hinzufügen. Die Zutaten mit Handrührgerät mit Knethaken zunächst kurz auf niedrigster, dann auf höchster Stufe gut durcharbeiten.

2 Anschließend auf der bemehlten Arbeitsfläche zu einem glatten Teig verkneten, daraus Rollen (Ø 2,5 cm) formen und einige Stunden kalt stellen (am besten über Nacht).

3 Die Rollen in knapp ½ cm dicke Scheiben schneiden und auf gefettete, mit Backpapier belegte Backbleche legen. Die Taler mit Kondensmilch bestreichen und mit Hagelzucker oder Zimt-Zucker bestreuen.

Ober-/Unterhitze: etwa 200 °C (vorgeheizt)
Heißluft: etwa 180 °C (vorgeheizt)
Gas: etwa Stufe 4 (vorgeheizt)
Backzeit: etwa 10 Minuten pro Backblech

4 Die Taler vom Backblech nehmen und erkalten lassen.

Abwandlung: *Für eine pikante Variante die Teigtaler anstelle von Zucker mit geraspeltem Käse, Salz oder Mohn bestreuen.*

Mozart-Ravioli

Zutaten

(etwa 48 Stück)

Für den Knetteig:
300 g Weizenmehl
30 g Kakaopulver
1 Msp. Backpulver
150 g Zucker
1 Pck. Vanillin-Zucker
1 Prise Salz
1 Ei (Größe M)
200 g Butter

Für die Füllung:
200 g Marzipan-Rohmasse
50 g gemahlene Pistazienkerne
150 g gekühlter, dunkler Nuss-Nougat

75 g weiße Kuvertüre

Zubereitungszeit:
70 Minuten, ohne Kühlzeit

Insgesamt:
E: 98 g, F: 331 g, Kh: 619 g,
kJ: 25283, kcal: 6041

RAFFINIERT

1 Für den Teig Mehl mit Kakao und Backpulver mischen und in eine Rührschüssel sieben. Zucker, Vanillin-Zucker, Salz, Ei und Butter hinzufügen.

2 Die Zutaten mit Handrührgerät mit Knethaken zunächst kurz auf niedrigster, dann auf höchster Stufe durcharbeiten, anschließend auf der Arbeitsfläche zu einem glatten Teig verkneten. Den Teig etwa 1 Stunde in Klarsichtfolie verpackt kalt stellen.

3 Für die Füllung Marzipan-Rohmasse und Pistazien verkneten, zwischen zwei Lagen Klarsichtfolie dünn ausrollen und in 48 kleine Quadrate schneiden. Nougat in 48 kleine Würfel schneiden und je 1 Würfel auf jedes Marzipanquadrat legen. Das Marzipan darüber zusammendrücken und jeweils zu einer kleinen Kugel formen.

4 Den Teig vierteln. Ein Teigviertel auf der bemehlten Arbeitsfläche dünn ausrollen. Die Teigplatte auf ein Raviolibrett (26 x 10 cm) legen. Jeweils 1 Marzipankugel in die Vertiefungen legen. Die Teigplatte mit einer weiteren Teigplatte abdecken. Mit einer Teigrolle über das Raviolibrett rollen und den überstehenden Teig entfernen.

5 Die Ravioli aus der Form stürzen und auf gefettete, mit Backpapier belegte Backbleche legen. Den Vorgang mit dem restlichen Teig wiederholen.

Ober-/Unterhitze: 180–200 °C (vorgeheizt)
Heißluft: 160–180 °C (vorgeheizt)
Gas: Stufe 3–4 (vorgeheizt)
Backzeit: etwa 15 Minuten pro Backblech

6 Die Mozart-Ravioli vom Backblech nehmen, auf einen Kuchenrost legen und erkalten lassen.

7 Die Kuvertüre in einem kleinen Topf im Wasserbad bei schwacher Hitze zu einer geschmeidigen Masse verrühren und mit Hilfe eines Teelöffels auf die erkalteten Ravioli sprenkeln.

Tipps: *Wer kein Raviolibrett hat, kann die Mozart-Ravioli auch anders zubereiten. Die Hälfte des Teiges zu einem Rechteck (28 x 24 cm) ausrollen. Die Marzipankugeln darauf verteilen, mit einem in Wasser getauchten Pinsel zwischen den Kugeln auf dem Teig längs und quer Linien ziehen, so dass kleine Rechtecke (3,5 x 4 cm) entstehen. Die zweite Teigplatte darauf legen, gut auf die angefeuchteten Linien drücken und mit einem Teigrädchen den Linien folgend die Rechtecke ausschneiden.*
Die Mozart-Ravioli sind etwa 4 Wochen haltbar.

Nuss-Marzipan-Taler

Zutaten

Für den Knetteig:
150 g Weizenmehl
½ gestr.TL Backpulver
75 g Zucker
1 Pck. Vanillin-Zucker
2 EL Wasser
125 g Butter oder Margarine
150 g gemahlene Haselnuss-kerne

Für den Belag:
200 g Marzipan-Rohmasse
50 g gesiebter Puderzucker

gesiebter Puderzucker
Johannisbeergelee

Für den Guss:
75 g gesiebter Puderzucker
2 EL Rum oder Zitronensaft

gehackte Haselnusskerne
gehackte Pistazienkerne
halbierte, kandierte Kirschen

Zubereitungszeit:
70 Minuten

Insgesamt:
E: 66 g, F: 279 g, Kh: 439 g,
kJ: 19860, kcal: 4743

DAUERT LÄNGER

1 Für den Teig Mehl mit Backpulver mischen und in eine Rührschüssel sieben. Zucker, Vanillin-Zucker, Wasser, Butter oder Margarine und Haselnüsse hinzufügen. Die Zutaten mit Handrührgerät mit Knethaken zunächst kurz auf niedrigster, dann auf höchster Stufe gut durcharbeiten.

2 Anschließend auf der bemehlten Arbeitsfläche zu einem glatten Teig verkneten, sollte er kleben, ihn eine Zeitlang kalt stellen.

3 Den Teig auf der leicht bemehlten Arbeitsfläche etwa 2 mm dick ausrollen, Plättchen (Ø etwa 4 cm) ausstechen und auf gefettete Backbleche legen.

Ober-/Unterhitze: etwa 200 °C (vorgeheizt)
Heißluft: etwa 180 °C (vorgeheizt)
Gas: etwa Stufe 4 (vorgeheizt)
Backzeit: etwa 10 Minuten pro Backblech

4 Die Plätzchen vom Backblech nehmen und erkalten lassen.

5 Für den Belag Marzipan-Rohmasse mit Puderzucker gut verkneten, dünn auf Puderzucker ausrollen und Plättchen in der Größe der Plätzchen ausstechen. Die erkalteten Plätzchen dünn mit Johannisbeergelee bestreichen und die Marzipanplättchen darauf legen.

6 Für den Guss Puderzucker mit Rum oder Zitronensaft zu einer dünnflüssigen Masse verrühren und die Oberflächen der Taler dünn damit bestreichen. Mit Haselnüssen, Pistazien und Kirschen garnieren.

Abwandlung: *Anstelle des Puderzuckergusses die Taler mit aufgelöster Halbbitter-Kuvertüre bestreichen. Sie dann anstelle von Johannisbeergelee mit Aprikosenkonfitüre (durch ein Sieb gestrichen) bestreichen.*

Tipp: *Die Nuss-Marzipan-Taler sind etwa 2 Wochen haltbar.*

Mandelschiffchen

(Foto)

Zutaten

Für den Rührteig:
175 g Butter oder Margarine
100 g gesiebter Puderzucker
1 Pck. Vanillin-Zucker
½ Fläschchen Rum-Aroma
1 Msp. gemahlener Zimt
1 Eigelb (Größe M)
200 g Weizenmehl
25 g Kakaopulver
1 Msp. Backpulver
125 g nicht abgezogene, gemahlene Mandeln

verschlagenes Eiweiß
abgezogene, halbierte Mandeln

Zubereitungszeit:
30 Minuten

Insgesamt:

E: 64 g, F: 231 g, Kh: 273 g, kJ: 15107, kcal: 3609

RAFFINIERT

1 Für den Teig Butter oder Margarine mit Handrührgerät mit Rührbesen auf höchster Stufe geschmeidig rühren. Nach und nach Puderzucker, Vanillin-Zucker, Rum-Aroma und Zimt unterrühren, so lange rühren bis eine gebundene Masse entstanden ist. Eigelb unterrühren (knapp ½ Minute).

2 Mehl mit Kakao und Backpulver mischen, sieben und portionsweise auf mittlerer Stufe unterrühren. Mandeln zuletzt unter den Teig rühren.

3 Aus dem Teig bleistiftdicke Rollen formen, diese in etwa 4 cm lange Stücke schneiden, an den Enden spitz zusammendrücken und auf gefettete, mit Backpapier belegte Backbleche legen. In jedes Teigstück eine mit Eiweiß bestrichene Mandelhälfte drücken.

Ober-/Unterhitze: etwa 200 °C (vorgeheizt)
Heißluft: etwa 180 °C (vorgeheizt)
Gas: etwa Stufe 4 (vorgeheizt)
Backzeit: etwa 10 Minuten pro Backblech

4 Das Gebäck vom Backblech nehmen und erkalten lassen.

Tipps: *Anstelle der Mandeln können auch Haselnusskerne verwendet werden.*
Die Mandelschiffchen sind 3–4 Wochen haltbar.

Schwarz-Weiß-Gebäck

Zutaten

Für den hellen Knetteig:
250 g Weizenmehl
1 gestr. TL Backpulver
150 g Zucker
1 Pck. Vanillin-Zucker
1 Prise Salz
½–1 Fläschchen Rum-Aroma
1 Ei (Größe M)
125 g Butter oder Margarine

Für den dunklen Knetteig:
15 g gesiebtes Kakaopulver
15 g Zucker
1 EL Milch

verschlagenes Eiweiß

1 Für den hellen Teig Mehl mit Backpulver mischen und in eine Rührschüssel sieben. Zucker, Vanillin-Zucker, Salz, Rum-Aroma, Ei und Butter oder Margarine hinzufügen.

2 Die Zutaten mit Handrührgerät mit Knethaken zunächst kurz auf niedrigster, dann auf höchster Stufe gut durcharbeiten. Anschließend auf der Arbeitsfläche zu einem glatten Teig verkneten. Sollte er kleben, ihn eine Zeitlang kalt stellen.

3 Für den dunklen Teig Kakao mit Zucker und Milch verrühren und unter die Hälfte des hellen Teiges kneten.

4 Für ein Schachbrettmuster die beiden Teighälften getrennt etwa 1 cm dick ausrollen. Aus dem hellen Teig 5 und aus dem dunklen Teig 4 je 1 cm breite Streifen in gleicher Länge schneiden. Mit Eiweiß bestreichen, je 3 Streifen nebeneinander legen, mit 3 Streifen bedecken, so fortfahren, bis alle Streifen aufgebraucht und ein Schachbrettmuster entstanden ist. Den so entstandenen Block in eine dünn ausgerollte, dunkle Teigschicht einwickeln.

(Fortsetzung Seite 22)

(Fortsetzung von Seite 20)

Zubereitungszeit:
1 ½ Stunden, ohne Kühlzeit

Insgesamt:
E: 39 g, F: 114 g, Kh: 362 g,
kJ: 11386, kcal: 2720

KLASSISCH

5 Für ein einfacheres Muster aus dem dunklen Teig eine 3 cm dicke Rolle formen. Den hellen Teig ½ cm dick ausrollen, mit Eiweiß bestreichen und die dunkle Rolle darin einwickeln. Oder aus dem dunklen Teig 2 cm dicke Rollen formen und die Rollen mit Eiweiß bestreichen. Den hellen Teig ½ cm dick ausrollen, den dunklen Teig darin einwickeln. Jeweils 3 Rollen zusammensetzen.

6 Alle Teigrollen eine Zeitlang kalt stellen, damit sie sich besser schneiden lassen. Dann in gleichmäßige, knapp ½ cm dicke Scheiben schneiden und auf gefettete Backbleche legen.

Ober-/Unterhitze: etwa 200 °C (vorgeheizt)
Heißluft: etwa 180 °C (vorgeheizt)
Gas: etwa Stufe 4 (vorgeheizt)
Backzeit: 10–15 Minuten pro Backblech

7 Das Gebäck vom Backblech nehmen und erkalten lassen.

Tipp: *Das Schwarz-Weiß-Gebäck ist etwa 4 Wochen haltbar.*

Vanillemürbchen

Zutaten

Für den Knetteig:
250 g Weizenmehl
½ Fläschchen Butter-Vanille-Aroma
2 Pck. Vanillin-Zucker
1 Becher (150 g) Crème fraîche
175 g Butter

Kondensmilch
75 g Hagelzucker

Zubereitungszeit:
45 Minuten

Insgesamt:
E: 36 g, F: 193 g, Kh: 269 g,
kJ: 12756, kcal: 3048

FÜR KINDER

1 Für den Teig Mehl in eine Rührschüssel sieben. Butter-Vanille-Aroma, Vanillin-Zucker, Crème fraîche und Butter hinzufügen. Die Zutaten mit Handrührgerät mit Knethaken zunächst kurz auf niedrigster, dann auf höchster Stufe gut durcharbeiten.

2 Anschließend auf der Arbeitsfläche zu einem glatten Teig verkneten, sollte er kleben, ihn eine Zeitlang kalt stellen.

3 Den Teig auf der leicht bemehlten Arbeitsfläche etwa ½ cm dick ausrollen, zunächst mit einer runden Form (Ø etwa 6 cm) ausstechen, die Teigplättchen mit einer kleineren Form (Ø etwa 4 cm) dann so ausstechen, dass Ringe entstehen.

4 Die Ringe mit Kondensmilch bestreichen, mit Hagelzucker bestreuen auf gefettete Backbleche legen.

Ober-/Unterhitze: etwa 200 °C (vorgeheizt)
Heißluft: etwa 180 °C (vorgeheizt)
Gas: etwa Stufe 4 (vorgeheizt)
Backzeit: etwa 15 Minuten pro Backblech

5 Das Gebäck vom Backblech nehmen und erkalten lassen.

Tipp: *Die Vanillemürbchen schmecken am besten frisch, sind aber 2–3 Wochen haltbar.*

Nougattuffs

Zutaten

(etwa 35 Stück)

Für den Rührteig:
175 g Butter oder Margarine
150 g gesiebter Puderzucker
1 Pck. Vanillin-Zucker
2 Eigelb (Größe M)
250 g Weizenmehl
1 Msp. Backpulver
1 gut geh. EL Kakaopulver

150–200 g dunkler Nuss-Nougat
25 g Kuvertüre
etwas Kokosfett

Zubereitungszeit:
40 Minuten

Insgesamt:
E: 50 g, F: 223 g, Kh: 457 g,
kJ: 17353, kcal: 4147

FÜR GÄSTE

1 Für den Teig Butter oder Margarine mit Handrührgerät mit Rührbesen auf höchster Stufe geschmeidig rühren. Nach und nach Puderzucker und Vanillin-Zucker unterrühren, so lange rühren, bis eine gebundene Masse entstanden ist. Eigelb nach und nach unterrühren (jedes Eigelb knapp ½ Minute).

2 Mehl mit Backpulver und Kakao mischen, sieben und portionsweise auf mittlerer Stufe unterrühren. Den Teig in einen Spritzbeutel mit Sterntülle füllen und Tuffs (Ø etwa 2 cm) auf gefette, mit Backpapier belegte Backbleche spritzen.

Ober-/Unterhitze: etwa 200 °C (vorgeheizt)
Heißluft: etwa 180 °C (vorgeheizt)
Gas: etwa Stufe 4 (vorgeheizt)
Backzeit: etwa 12 Minuten pro Backblech

3 Die Plätzchen vom Backblech nehmen und erkalten lassen.

4 Nuss-Nougat in einem kleinen Topf im Wasserbad bei schwacher Hitze zu einer geschmeidigen Masse verrühren. Die Hälfte der erkalteten Plätzchen auf der Unterseite damit bestreichen und die übrigen mit der Unterseite darauf legen.

5 Kuvertüre und Kokosfett in einem kleinen Topf im Wasserbad bei schwacher Hitze zu einer geschmeidigen Masse verrühren. Mit Hilfe eines Teelöffels die Plätzchen damit besprenkeln.

Tipp: *Nuss-Nougat ist in der Plätzchen-Bäckerei vielfältig einsetzbar. Für* ***Nuss-Nougat-Plätzchen*** *2 Eier (Größe M) mit Handrührgerät auf höchster Stufe schaumig schlagen. Nach und nach 200 g Zucker und 1 Päckchen Vanillin-Zucker unterrühren, so lange rühren, bis eine cremeartige Masse entstanden ist. Je 1 Messerspitze gemahlene Nelken und geriebene Muskatnuss, 3 Tropfen Zitronen-Aroma, 50 g Rosinen, je 30 g fein gewürfeltes Orangeat und Zitronat (Sukkade) und 250 g gemahlene Haselnusskerne unter die Eiercreme rühren. 200 g Nuss-Nougat wie oben angegeben auflösen und unter die Masse rühren. Die Masse bergartig auf etwa 70 Oblaten (Ø 5 cm) streichen, auf Backbleche legen und bei 130–150 °C (Ober-/Unterhitze), 110–130 °C (Heißluft), Stufe 1–2 (Gas) 20–25 Minuten backen. Für den Guss 250 g gesiebten Puderzucker mit 5–6 Esslöffeln Zitronensaft zu einer dickflüssigen Masse verrühren, die noch warmen Plätzchen damit bestreichen und erkalten lassen.*

Bunte Sterne

(Foto)

Zutaten

Für den Knetteig:
250 g Weizenmehl
1 Msp. Backpulver
100 g Zucker
1 Pck. Vanillin-Zucker
je 1 Msp. Zimt, Kardamom, Nelken und Muskatblüte (alles gemahlen)
1 Ei (Größe M)
125 g Butter

Für den Guss:
100 g Halbbitter-Kuvertüre
15 g Kokosfett

bunte Zuckerstreusel

Zubereitungszeit:
60 Minuten, ohne Trockenzeit

Insgesamt:
E: 44 g, F: 134 g, Kh: 379 g,
kJ: 12544, kcal: 2997

EINFACH

1 Für den Teig Mehl mit Backpulver mischen und in eine Rührschüssel sieben. Zucker, Vanillin-Zucker, Gewürze, Ei und Butter hinzufügen.

2 Die Zutaten mit Handrührgerät mit Knethaken zunächst kurz auf niedrigster, dann auf höchster Stufe gut durcharbeiten. Anschließend auf der Arbeitsfläche zu einem glatten Teig verkneten, sollte er kleben, ihn eine Zeitlang kalt stellen.

3 Den Teig auf der leicht bemehlten Arbeitsfläche portionsweise dünn ausrollen, Sterne in zwei Größen (die gleiche Anzahl von jeder Größe) ausstechen und auf gefettete Backbleche legen.

Ober-/Unterhitze: etwa 200 °C (vorgeheizt)
Heißluft: etwa 180 °C (vorgeheizt)
Gas: etwa Stufe 4 (vorgeheizt)
Backzeit: 8–10 Minuten pro Backblech

4 Das Gebäck vom Backblech nehmen und erkalten lassen.

5 Für den Guss Kuvertüre und Kokosfett in einem kleinen Topf im Wasserbad bei schwacher Hitze zu einer geschmeidigen Masse verrühren. Die großen Sterne damit bestreichen, die kleinen so darauf legen, dass die braunen Spitzen der unteren Sterne zu sehen sind, diese mit Zuckerstreuseln bestreuen und den Guss fest werden lassen.

Schokoladenmakronen

Zutaten

3 Eiweiß (Größe M)
200 g feinkörniger Zucker
1 Pck. Vanillin-Zucker
125 g geraspelte Zartbitterschokolade
250 g abgezogene, gehackte Mandeln

Zubereitungszeit:
25 Minuten

Insgesamt:
E: 70 g, F: 174 g, Kh: 284 g
kJ: 13228, kcal: 3159

1 Eiweiß mit Handrührgerät mit Rührbesen auf höchster Stufe steif schlagen. Zucker und Vanillin-Zucker unterschlagen. Schokolade mit Mandeln mischen und vorsichtig unter den Eischnee heben (nicht rühren).

2 Den Teig in Häufchen auf gefettete, mit Backpapier belegte Backbleche setzen.

Ober-/Unterhitze: 130–150 °C (vorgeheizt)
Heißluft: 110–130 °C (vorgeheizt)
Gas: Stufe 1–2 (vorgeheizt)
Backzeit: etwa 25 Minuten pro Backblech

3 Die Makronen vom Backblech nehmen (sie müssen innen noch weich sein, da sie während der Abkühlzeit nachtrocknen) und erkalten lassen.

White-Chocolate-Cookies

Zutaten

(etwa 50 Stück)

Für den Rührteig:
150 g Butter oder Margarine
75 g brauner Zucker (Kandisfarin)
75 g Zucker
1 Pck. Bourbon-Vanillezucker
2 Eier (Größe M)
200 g Weizenmehl
1 gestr. TL Backpulver
200 g grob gehackte, weiße Schokolade
1 EL Weizenmehl
30 g Kakaopulver
1 EL Milch

Zubereitungszeit:
20 Minuten

Insgesamt:
E: 57 g, F: 203 g, Kh: 446 g, kJ: 16589, kcal: 3964

SCHNELL

1 Für den Teig Butter oder Margarine mit Handrührgerät mit Rührbesen auf höchster Stufe geschmeidig rühren. Nach und nach braunen Zucker, Zucker und Bourbon-Vanillezucker unterrühren, so lange rühren, bis eine gebundene Masse entstanden ist. Eier nach und nach unterrühren (jedes Ei etwa ½ Minute).

2 Mehl mit Backpulver mischen und portionsweise auf mittlerer Stufe unterrühren. Den Teig halbieren. Unter die eine Teighälfte die Hälfte der Schokolade und Mehl rühren. Unter den restlichen Teig Kakao, Milch und die restliche Schokolade rühren.

3 Den Teig in walnussgroßen Häufchen mit Hilfe von 2 Teelöffeln auf gefettete, mit Backpapier belegte Backbleche setzen (zwischen den Häufchen etwa 4 cm Abstand lassen, da der Teig etwas auseinanderläuft).

Ober-/Unterhitze: etwa 200 °C (vorgeheizt)
Heißluft: etwa 180 °C (vorgeheizt)
Gas: etwa Stufe 4 (vorgeheizt)
Backzeit: etwa 10 Minuten pro Backblech

4 Die Cookies vom Backblech nehmen und erkalten lassen.

Tipps: *Nach Belieben die dunklen Cookies mit aufgelöster weißer Kuvertüre und die hellen Cookies mit aufgelöster dunkler Kuvertüre besprenkeln.*
Wenn nur helle Cookies gebacken werden sollen, einfach Kakao und Milch weglassen und anstelle von einem zwei Esslöffel Mehl zu dem Teig geben. Sollen nur dunkle Cookies gebacken werden, die Kakao- und Milchmenge verdoppeln.
Die Cookies halten sich in gut schließenden Dosen etwa 4 Wochen.

Abwandlung: *Für* ***Chocolate-Chip-Cookies*** *(etwa 50 Stück) aus 150 g Butter oder Margarine, 150 g braunem Zucker (Kandisfarin), 1 Päckchen Bourbon-Vanillezucker, 2 Eiern (Größe M), 200 g Weizenmehl, 1 gestrichenen Teelöffel Backpulver, 100 g gehackten Haselnusskernen und 100 g Schokoladentropfen (oder 100 g grob gehackter, dunkler Schokolade) einen Rührteig zubereiten. Walnussgroße Häufchen von dem Teig wie oben beschrieben auf mit Backpapier belegte Backbleche setzen und wie oben angegeben backen und erkalten lassen. Die Cookies nach Belieben zusätzlich mit aufgelöster Halbbitter-Kuvertüre besprenkeln.*

Punschherzen

Zutaten

Für den Knetteig:
250 g Weizenmehl
1 gestr. TL Backpulver
75 g Zucker
1 Pck. Vanillin-Zucker
½ Pck. Orangenfrucht
2 Eier (Größe M)
100 g Butter
50 g abgezogene, gemahlene Mandeln

Für die Füllung:
125 g Löffelbiskuits
3 EL Rum
100 ml Rotwein
½ Pck. Orangenfrucht
50 g Zartbitterschokolade

Johannisbeergelee

Für den Guss:
65 g gesiebter Puderzucker
etwa 2 TL Rum

Zubereitungszeit:
60 Minuten, ohne Trockenzeit

Insgesamt:
E: 68 g, F: 148 g, Kh: 439 g, kJ: 15397, kcal: 3678

MIT ALKOHOL

1 Für den Teig Mehl mit Backpulver mischen und in eine Rührschüssel sieben. Zucker, Vanillin-Zucker, Orangenfrucht, Eier, Butter und Mandeln hinzufügen. Die Zutaten mit Handrührgerät mit Knethaken zunächst kurz auf niedrigster, dann auf höchster Stufe gut durcharbeiten.

2 Anschließend auf der bemehlten Arbeitsfläche zu einem glatten Teig verkneten, sollte er kleben, ihn eine Zeitlang kalt stellen.

3 Den Teig auf der leicht bemehlten Arbeitsfläche dünn ausrollen, Herzen ausstechen und auf mit Backpapier belegte Backbleche legen.

Ober-/Unterhitze: etwa 200 °C (vorgeheizt)
Heißluft: etwa 180 °C (vorgeheizt)
Gas: etwa Stufe 4 (vorgeheizt)
Backzeit: etwa 10 Minuten pro Backblech

4 Die Herzen vom Backblech nehmen und erkalten lassen.

5 Für die Füllung Löffelbiskuits in einen Gefrierbeutel geben, den Beutel verschließen, die Löffelbiskuits mit der Teigrolle zerdrücken und in eine Schüssel geben. Rum, Rotwein, Orangenfrucht und Schokolade unter Rühren erhitzen, über die Biskuitbrösel geben, gut verrühren und abkühlen lassen.

6 Die Unterseiten der Herzen dünn mit Johannisbeergelee bestreichen und jeweils 2 Stück mit der Punschfüllung zusammensetzen.

7 Für den Guss Puderzucker mit so viel Rum verrühren, dass ein dickflüssiger Guss entsteht und die Oberflächen der Herzen damit bestreichen.

8 Etwas Johannisbeergelee kurz erwärmen, jeweils einige Tropfen davon auf den noch feuchten Puderzuckerguss geben und mit einem Holzstäbchen so durchziehen, dass ein Marmormuster entsteht. Den Guss trocknen lassen.

Tipps: *Nach Belieben zusätzlich etwas abgeriebene Zitronenschale und gemahlenen Zimt in der Füllung mit erwärmen.*
In gut schließenden Dosen aufbewahrt sind die Punschherzen 1–2 Wochen haltbar.

Spritzgebäck
(Foto)

Zutaten

Für den Rühr-Knet-Teig:
250 g Butter oder Margarine
175 g Zucker
1 Pck. Vanillin-Zucker
1 Prise Salz
350 g Weizenmehl
75 g abgezogene, gemahlene Mandeln
10 g gesiebtes Kakaopulver
10 g Zucker

Zubereitungszeit:
60 Minuten

Insgesamt:
E: 56 g, F: 250 g, Kh: 457 g, kJ: 18689, kcal: 4465

KLASSISCH

1 Für den Teig Butter oder Margarine mit Handrührgerät mit Rührbesen auf höchster Stufe geschmeidig rühren. Nach und nach Zucker, Vanillin-Zucker und Salz unterrühren. So lange rühren, bis eine gebundene Masse entstanden ist. Mehl sieben, ⅔ davon portionsweise auf mittlerer Stufe unterrühren.

2 Den Teigbrei mit dem restlichen Mehl und den Mandeln auf der Arbeitsfläche zu einem glatten Teig verkneten und zu Rollen formen (knapp ⅓ des Teiges zurücklassen). Diese in einen Fleischwolf mit Gebäckvorsatz oder in eine Gebäckpresse geben und auf gefettete Backbleche spritzen.

3 Kakao mit Zucker mischen und unter den restlichen Teig kneten. Etwas von dem dunklen zusammen mit hellem Teig in die Gebäckpresse geben und auf gefettete Backbleche spritzen.

Ober-/Unterhitze: etwa 200 °C (vorgeheizt)
Heißluft: etwa 180 °C (vorgeheizt)
Gas: etwa Stufe 4 (vorgeheizt)
Backzeit: 10–15 Minuten pro Backblech

4 Das Gebäck vom Backblech nehmen und erkalten lassen.

Tipps: *Nach Belieben die Enden der erkalteten Plätzchen in aufgelöste Kuvertüre tauchen.*
Das Spritzgebäck ist etwa 4 Wochen haltbar.

Spitzbuben

Zutaten

Für den Knetteig:
375 g Weizenmehl
1 gestr. TL Backpulver
200 g Zucker
1 Pck. Vanillin-Zucker
250 g Butter
125 g nicht abgezogene, gemahlene Mandeln

125 g Johannisbeergelee

1 Für den Teig Mehl mit Backpulver mischen und in eine Rührschüssel sieben. Zucker, Vanillin-Zucker, Butter und Mandeln hinzufügen. Die Zutaten mit Handrührgerät mit Knethaken zunächst kurz auf niedrigster, dann auf höchster Stufe gut durcharbeiten.

2 Anschließend auf der Arbeitsfläche zu einem glatten Teig verkneten. Sollte er kleben, ihn eine Zeitlang kalt stellen.

3 Den Teig dünn ausrollen, mit einer runden Form (Ø etwa 4 cm) ausstechen und auf gefettete Backbleche legen.

Ober-/Unterhitze: etwa 200 °C (vorgeheizt)
Heißluft: etwa 180 °C (vorgeheizt)
Gas: etwa Stufe 4 (vorgeheizt)
Backzeit: etwa 10 Minuten pro Backblech

(Fortsetzung Seite 34)

(Fortsetzung von Seite 32)

Zubereitungszeit:
50 Minuten, ohne Kühlzeit

Insgesamt:
E: 68 g, F: 276 g, Kh: 568 g,
kJ: 21917, kcal: 5236

EINFACH

4 Die Plätzchen vom Backblech nehmen und erkalten lassen.

5 Die Hälfte der Plätzchen auf der Unterseite mit Johannisbeergelee bestreichen, die übrigen darauf legen und gut andrücken. Die Plätzchen in einer gut schließenden Dose aufbewahren.

Abwandlung: *Die Spitzbuben zusätzlich mit einem Guss aus 50 g gesiebtem Puderzucker und 1 Esslöffel Zitronensaft besprenkeln.*

Tipp: *Die Spitzbuben sind etwa 2 Wochen haltbar.*

Eierkränzchen

Zutaten

Für den Rührteig:
250 g Butter oder Margarine
125 g Zucker
2 Pck. Vanillin-Zucker
1 Ei (Größe M)
3 Eigelb (Größe M)
250 g Weizenmehl
150 g Speisestärke

Für den Guss:
150 g Halbbitter-Kuvertüre

evtl. Hagelzucker
evtl. feingehacktes Zitronat

Zubereitungszeit:
45 Minuten, ohne Trockenzeit

Insgesamt:
E: 57 g, F: 240 g, Kh: 584 g,
kJ: 20507, kcal: 4900

FÜR KINDER

1 Für den Teig Butter oder Margarine mit Handrührgerät mit Rührbesen auf höchster Stufe geschmeidig rühren. Nach und nach Zucker und Vanillin-Zucker unterrühren, so lange rühren, bis eine gebundene Masse entstanden ist. Nach und nach Ei und Eigelb unterrühren (jeweils etwa ½ Minute).

2 Mehl mit Speisestärke mischen, sieben und portionsweise auf mittlerer Stufe unterrühren. Den Teig in einen Spritzbeutel mit gezackter Tülle füllen, in Form von Kränzchen (Ø etwa 4 cm) auf gefettete Backbleche spritzen.

Ober-/Unterhitze: etwa 200 °C (vorgeheizt)
Heißluft: etwa 180 °C (vorgeheizt)
Gas: etwa Stufe 4 (vorgeheizt)
Backzeit: etwa 10 Minuten pro Backblech

3 Die Kränzchen vom Backblech nehmen und erkalten lassen.

4 Für den Guss Kuvertüre zerkleinern und in einem kleinen Topf im Wasserbad bei schwacher Hitze zu einer geschmeidigen Masse verrühren. Die Kränzchen zur Hälfte eintauchen, nach Belieben mit Hagelzucker oder Zitronat bestreuen und trocknen lassen.

Tipps: *Nach Belieben Geschenkbändchen oder Schleifenband durch die Eierkränzchen ziehen und als Geschenkanhänger oder Christbaumschmuck verwenden.*
Die Eierkränzchen können auch mit der aufgelösten Kuvertüre besprenkelt werden, dann sind 75 g Kuvertüre ausreichend.
Das Gebäck ist 3–4 Wochen haltbar.

Kokoshäufchen
(Foto)

Zutaten

Für den Rührteig:
50 g Butter oder Margarine
125 g Zucker
1 Pck. Vanillin-Zucker
½ Fläschchen Rum-Aroma
3 Tropfen Bittermandel-Aroma
1 Ei (Größe M)
125 g Weizenmehl
2 gestr. TL Backpulver
etwa 1 EL Milch
250 g Kokosraspel

Zubereitungszeit:
25 Minuten

Insgesamt:
E: 37 g, F: 204 g, Kh: 243 g,
kJ: 12586, kcal: 3007

EINFACH

1 Für den Teig Butter oder Margarine mit Handrührgerät mit Rührbesen auf höchster Stufe geschmeidig rühren. Nach und nach Zucker, Vanillin-Zucker, Rum- und Bittermandel-Aroma unterrühren, so lange rühren, bis eine gebundene Masse entstanden ist. Ei unterrühren (etwa ½ Minute).

2 Mehl mit Backpulver mischen, sieben und portionsweise auf mittlerer Stufe unterrühren. Milch unterrühren. Kokosraspel zuletzt kurz unterrühren.

3 Von dem Teig mit 2 Teelöffeln Häufchen auf gefettete, mit Backpapier belegte Backbleche setzen.

Ober-/Unterhitze: etwa 200 °C (vorgeheizt)
Heißluft: etwa 180 °C (vorgeheizt)
Gas: etwa Stufe 4 (vorgeheizt)
Backzeit: 10–12 Minuten pro Backblech

4 Die Kokoshäufchen vom Backblech nehmen und erkalten lassen.

Tipps: *Die Kokoshäufchen mit 50 g aufgelöster Halbbitter-Kuvertüre besprenkeln oder mit der Unterseite eintauchen, so dass dunkle „Füßchen" entstehen.*
Der Kokosgeschmack kann noch verstärkt werden, indem man die Kokosraspeln vorher in einer Pfanne ohne Fett anbräunt.
Die Kokoshäufchen sind 3–4 Wochen haltbar.

Zimtsterne

Zutaten

(etwa 60 Stück)

3 Eiweiß (Größe M)
250 g gesiebter Puderzucker
1 Pck. Vanillin-Zucker
3 Tropfen Bittermandel-Aroma
1 TL gemahlener Zimt
275–325 g nicht abgezogene, gemahlene Mandeln

Puderzucker
evtl. etwas Wasser

1 Eiweiß mit Handrührgerät mit Rührbesen auf höchster Stufe so steif schlagen, dass ein Messerschnitt sichtbar bleibt. Puderzucker nach und nach unterrühren. Zum Bestreichen der Sterne 3 gut gehäufte Esslöffel der Masse abnehmen.

2 Vanillin-Zucker, Bittermandel-Aroma, Zimt und die Hälfte der Mandeln vorsichtig auf niedrigster Stufe unter die übrige Masse rühren, von dem Rest der Mandeln so viel unterkneten, dass der Teig kaum noch klebt.

3 Den Teig auf einer mit Puderzucker bestäubten Arbeitsfläche gut ½ cm dick ausrollen. Sterne ausstechen, auf gefettete, mit Backpapier belegte Backbleche legen, mit dem zurückgelassenen Eischnee bestreichen (der Guss muss sich glatt auf die Sterne streichen lassen, evtl. einige Tropfen Wasser unterrühren).

(Fortsetzung Seite 38)

(Fortsetzung von Seite 36)

Zubereitungszeit:
60 Minuten

Insgesamt:
E: 71 g, F: 160 g, Kh: 288 g,
kJ: 12832, kcal: 3064

KLASSISCH

Ober-/Unterhitze: 130–150 °C (vorgeheizt, unteres Drittel)
Heißluft: etwa 120 °C (vorgeheizt)
Gas: Stufe 1–2 (vorgeheizt)
Backzeit: 20–30 Minuten pro Backblech

4 Das Gebäck vom Backblech lösen (es muß sich beim Herausnehmen auf der Unterseite noch etwas weich anfühlen) und auf einem Kuchenrost erkalten lassen.

Tipps: *Keine selbstgemahlenen Mandeln verwenden. Da sie mehr Feuchtigkeit bzw. Fett enthalten als gekaufte, würden deutlich mehr Mandeln benötigt.*
Die Menge der Mandeln hängt von der Größe der Eier ab.
Die Zimtsterne am besten in Kartons aufbewahren, sie halten sich 2–3 Wochen.

Dreispitze

Zutaten

Für den Knetteig:
250 g Weizenmehl
1 Msp. Backpulver
65 g Zucker
1 Pck. Vanillin-Zucker
1 Eigelb (Größe M)
½ Fläschchen Rum-Aroma
abgeriebene Schale von
1 Orange (unbehandelt)
125 g Butter oder Margarine

Für die Füllung:
100 g gemahlene Haselnusskerne
50 g Zucker
½ Fläschchen Rum-Aroma
1 ½ Eiweiß (Größe M)
etwa 2 EL Orangensaft
40 g Korinthen

½ verschlagenes Eiweiß
1 Eigelb
1 EL Milch

Zubereitungszeit:
45 Minuten

Insgesamt:
E: 56 g, F: 178 g, Kh: 351 g,
kJ: 14042, kcal: 3354

RAFFINIERT

1 Für den Teig Mehl mit Backpulver mischen und in eine Rührschüssel sieben. Zucker, Vanillin-Zucker, Eigelb und Rum-Aroma hineingeben, etwa die Hälfte der Orangenschale und Butter oder Margarine hinzufügen.

2 Die Zutaten mit Handrührgerät mit Knethaken zunächst kurz auf niedrigster, dann auf höchster Stufe gut durcharbeiten. Anschließend auf der Arbeitsfläche zu einem glatten Teig verkneten, sollte er kleben, ihn eine Zeitlang kalt stellen.

3 Für die Füllung Haselnüsse mit der restlichen Orangenschale, Zucker, Rum-Aroma, Eiweiß und Orangensaft zu einer geschmeidigen Masse verrühren. Korinthen unterrühren.

4 Den Teig dünn ausrollen, Plättchen (Ø etwa 4 cm) ausstechen, mit Eiweiß bestreichen und je ein etwa haselnussgroßes Häufchen von der Füllung darauf setzen. Den Teigrand jeweils leicht anheben, an drei Stellen so an die Füllung drücken, dass ein „Dreispitz“ entsteht und die Teigstücke auf gefettete Backbleche legen.

5 Eigelb mit Milch verschlagen und die Teigstücke sorgfältig damit bestreichen.

Ober-/Unterhitze: etwa 200 °C (vorgeheizt)
Heißluft: etwa 180 °C (vorgeheizt)
Gas: etwa Stufe 4 (vorgeheizt)
Backzeit: etwa 15 Minuten pro Backblech

6 Das Gebäck vom Backblech nehmen und erkalten lassen.

Tipps: *Nach Belieben zusätzlich etwas gemahlenen Zimt in die Füllung geben. Die geriebene Orangenschale kann auch durch 1 Päckchen Orangenfrucht ersetzt werden.*
Die Dreispitze sind etwa 4 Wochen haltbar.

Lebkuchensterne

(Foto)

Zutaten

Für den Rühr-Knet-Teig:
125 g flüssiger Honig
200 g Zucker
1 Pck. Vanillin-Zucker
150 g Butter oder Margarine
4 EL Milch
3 Tropfen Bittermandel-Aroma
1 gestr. TL gemahlener Zimt
400 g Weizenmehl
100 g Speisestärke
2 gestr. EL Kakaopulver
1 Pck. Backpulver

Für den Guss:
200 g gesiebter Puderzucker
2–3 EL Zitronensaft
evtl. Speisefarbe

Zubereitungszeit:
60 Minuten, ohne Trockenzeit

Insgesamt:
E: 49 g, F: 131 g, Kh: 893 g,
kJ: 21077, kcal: 5035

ZUM VERSCHENKEN

1 Für den Teig Honig mit Zucker, Vanillin-Zucker, Butter oder Margarine und Milch langsam erwärmen, bis sich Honig und Zucker aufgelöst haben, in eine Rührschüssel geben und abkühlen lassen.

2 Unter die fast erkaltete Masse mit Handrührgerät mit Rührbesen auf höchster Stufe Bittermandel-Aroma und Zimt rühren. Mehl mit Speisestärke, Kakao und Backpulver mischen, sieben und ⅔ davon portionsweise auf mittlerer Stufe unterrühren. Den Rest auf der Arbeitsfläche unterkneten. Sollte der Teig kleben, noch etwas Mehl hinzugeben.

3 Den Teig etwa ½ cm dick ausrollen, Sterne ausstechen und auf gefettete, mit Backpapier belegte Backbleche legen.

Ober-/Unterhitze: 180–200 °C (vorgeheizt)
Heißluft: 160–180 °C (vorgeheizt)
Gas: Stufe 3–4 (vorgeheizt)
Backzeit: 10–15 Minuten pro Backblech

4 Die Sterne vom Backpapier nehmen und erkalten lassen.

5 Für den Guss Puderzucker und Zitronensaft zu einer dickflüssigen, spritzfähigen Masse verrühren, nach Belieben mit Speisefarbe einfärben und in ein Pergamentpapiertütchen füllen. Die erkalteten Sterne mit dem Guss verzieren und trocknen lassen.

Kokosmakronen

Zutaten

4 Eiweiß (Größe M)
200 g Zucker
1 Msp. gemahlener Zimt
2 Tropfen Bittermandel-Aroma
200 g Kokosraspel

Zubereitungszeit:
25 Minuten

Insgesamt:
E: 27 g, F: 124 g, Kh: 212 g,
kJ: 8675, kcal: 2072

KLASSISCH

1 Eiweiß mit Handrührgerät mit Rührbesen auf höchster Stufe steif schlagen. Nach und nach Zucker, Zimt und Bittermandel-Aroma unterrühren.

2 Kokosraspel vorsichtig auf niedrigster Stufe unter den Eischnee rühren. Aus der Masse mit 2 Teelöffeln Häufchen auf gefettete Backbleche setzen.

Ober-/Unterhitze: 130–150 °C (vorgeheizt)
Heißluft: 100–120 °C (nicht vorgeheizt)
Gas: Stufe 1–2 (nicht vorgeheizt)
Backzeit: etwa 35 Minuten

3 Die Makronen vom Backblech nehmen (sie müssen innen noch weich sein) und erkalten lassen.

Weißweinplätzchen
(Foto)

Zutaten

Für den Knetteig:
250 g Weizenmehl
100 ml Weißwein
125 g Butter

Wasser
Hagelzucker (evtl. mit etwas gemahlenem Zimt gemischt)

Zubereitungszeit:
35 Minuten

Insgesamt:
E: 27 g, F: 105 g, Kh: 236 g, kJ: 8958, kcal: 2140

EINFACH

1 Für den Teig Mehl in eine Rührschüssel sieben. Weißwein und Butter zugeben. Die Zutaten mit Handrührgerät mit Knethaken zu einem glatten Teig verarbeiten.

2 Den Teig portionsweise auf der leicht bemehlten Arbeitsfläche knapp ½ cm dick ausrollen. Beliebige Motive ausstechen, auf mit Backpapier belegte Backbleche legen, dünn mit Wasser bestreichen und mit Hagelzucker bestreuen.

Ober-/Unterhitze: etwa 200 °C (vorgeheizt)
Heißluft: etwa 180 °C (vorgeheizt)
Gas: etwa Stufe 4 (vorgeheizt)
Backzeit: 12–15 Minuten pro Backblech

3 Das Gebäck vom Backblech nehmen und erkalten lassen.

Abwandlung: *Für eine herzhafte Variante, zu Wein oder Bier, sehr trockenen Weißwein verwenden und das Gebäck anstelle von Hagelzucker mit Käse oder Gewürzen und Kräutern bestreuen.*

Tipps: *Wenn das Gebäck mit Eigelbmilch (1 Eigelb mit 1 Esslöffel Milch verquirlen) bestrichen wird, bekommt es etwas mehr Glanz. Die Plätzchen schmecken frisch am besten, sind aber etwa 1 Woche haltbar.*

Spekulatius

Zutaten

(etwa 90 Stück)

Für den Knetteig:
250 g Weizenmehl
1 gestr. TL Backpulver
125 g Zucker
1 Pck. Vanillin-Zucker
2 Tropfen Bittermandel-Aroma
1 Msp. gemahlener Kardamom
1 Msp. gemahlene Nelken
½ gestr. TL gemahlener Zimt
1 Prise Salz
1 Ei (Größe M)
100 g Butter oder Margarine
50 g abgezogene, gemahlene Mandeln oder Haselnusskerne

1 Für den Teig Mehl mit Backpulver mischen und in eine Rührschüssel sieben. Zucker, Vanillin-Zucker, Bittermandel-Aroma, Kardamom, Nelken, Zimt, Salz, Ei, Butter oder Margarine, Mandeln oder Haselnüsse hinzufügen.

2 Die Zutaten mit Handrührgerät mit Knethaken zunächst kurz auf niedrigster, dann auf höchster Stufe gut durcharbeiten. Anschließend auf der Arbeitsfläche zu einem glatten Teig verkneten. Sollte er kleben, ihn eine Zeitlang kalt stellen.

3 Den Teig dünn ausrollen, mit beliebigen Formen (z. B. Tierformen) ausstechen und auf gefettete Backbleche legen. Werden Holzmodel benutzt, den Teig in die gut bemehlten Model drücken und den überstehenden Teig abschneiden. Die Spekulatiusstücke aus den Modeln schlagen und auf die Backbleche legen.

(Fortsetzung Seite 44)

(Fortsetzung von Seite 42)

Zubereitungszeit:
80 Minuten

Insgesamt:
E: 45 g, F: 118 g, Kh: 323 g,
kJ: 11057, kcal: 2642

KLASSISCH

Ober-/Unterhitze: 180–200 °C (vorgeheizt)
Heißluft: 160–180 °C (vorgeheizt)
Gas: Stufe 3–4 (vorgeheizt)
Backzeit: etwa 10 Minuten pro Backblech

4 Die Spekulatius vom Backblech nehmen und erkalten lassen.

Vanilleplätzchen

Zutaten

Für den Knetteig:
250 g Weizenmehl
1 gestr. TL Backpulver
75 g Zucker
2 Pck. Vanillin-Zucker
1 Ei (Größe M)
125 g Butter

50 g Halbbitter-Kuvertüre

Zubereitungszeit:
40 Minuten

Insgesamt:
E: 39 g, F: 115 g, Kh: 316 g,
kJ: 10656, kcal: 2546

EINFACH

1 Für den Teig Mehl mit Backpulver mischen und in eine Rührschüssel sieben. Zucker, Vanillin-Zucker, Ei und Butter hinzufügen. Die Zutaten mit Handrührgerät mit Knethaken zunächst kurz auf niedrigster, dann auf höchster Stufe gut durcharbeiten.

2 Anschließend auf der bemehlten Arbeitsfläche zu einem glatten Teig verkneten, sollte er kleben, ihn eine Zeitlang kalt stellen.

3 Den Teig dünn ausrollen, mit einer runder Form (Ø etwa 4 cm) ausstechen und auf gefettete Backbleche legen.

Ober-/Unterhitze: etwa 200 °C (vorgeheizt)
Heißluft: etwa 180 °C (vorgeheizt)
Gas: etwa Stufe 4 (vorgeheizt)
Backzeit: etwa 10 Minuten pro Backblech

4 Die Plätzchen vom Backblech nehmen und erkalten lassen.

5 Kuvertüre in einem kleinen Topf im Wasserbad bei schwacher Hitze zu einer geschmeidigen Masse verrühren. Die Plätzchen auf Back- oder Pergamentpapier legen und mit Hilfe eines Teelöffels mit der Kuvertüre besprenkeln.

Tipps: *Durch die Zugabe von 1 Päckchen Orangenfrucht oder Geriebener Zitronenschale lassen sich die Vanilleplätzchen geschmacklich einfach und schnell abwandeln.*
Die Vanilleplätzchen sind etwa 4 Wochen haltbar.

Mandelhörnchen
(Foto)

Zutaten

Für den Knetteig:
250 g Weizenmehl
1 Msp. Backpulver
125 g Zucker
1 Pck. Vanillin-Zucker
3 Eigelb (Größe M)
200 g Butter oder Margarine
125 g abgezogene, gemahlene Mandeln

verschlagenes Eiweiß
125 g abgezogene, gehobelte Mandeln

Zubereitungszeit:
30 Minuten

Insgesamt:
E: 90 g, F: 316 g, Kh: 334 g,
kJ: 20109, kcal: 4804

FÜR GÄSTE

1 Für den Teig Mehl mit Backpulver mischen und in eine Rührschüssel sieben. Zucker, Vanillin-Zucker, Eigelb, Butter oder Margarine und Mandeln hinzufügen.

2 Die Zutaten mit Handrührgerät mit Knethaken zunächst kurz auf niedrigster, dann auf höchster Stufe gut durcharbeiten, anschließend auf der Arbeitsfläche zu einem glatten Teig verkneten.

3 Aus dem Teig gut bleistiftdicke Rollen formen, nach oben etwas spitz drücken und in etwa 6 cm lange Stücke schneiden. Die Stücke mit Eiweiß bestreichen und von beiden Seiten in die Mandeln drücken.

4 Die Teigstücke zu Hörnchen formen und auf gefettete, mit Backpapier belegte Backbleche setzen.

Ober-/Unterhitze: 180–200 °C (vorgeheizt)
Heißluft: 160–180 °C (vorgeheizt)
Gas: Stufe 3–4 (vorgeheizt)
Backzeit: 12–15 Minuten pro Backblech

5 Das Gebäck vom Backblech nehmen und erkalten lassen.

Tipps: *Anstelle der Mandeln können auch gemahlene Haselnusskerne oder Kokosraspel verwendet werden. Nach Belieben die Hörnchen zusätzlich mit aufgelöster Halbbitter-Kuvertüre besprenkeln. Die Mandelhörnchen sind 3–4 Wochen haltbar.*

Popcornflöckchen

Zutaten

2 Eiweiß (Größe M)
50 g Zucker
1 EL Zitronensaft
100 g Popcorn

Zubereitungszeit:
30 Minuten

Insgesamt:
E: 20 g, F: 5 g, Kh: 123 g,
kJ: 2677, kcal: 639

FÜR KINDER

1 Eiweiß mit Zucker und Zitronensaft sehr steif schlagen. Popcorn unterheben. Die Masse als Häufchen auf gefettete, mit Backpapier belegte Backbleche setzen.

Ober-/Unterhitze: 120–130 °C (vorgeheizt)
Heißluft: 100–110 °C (vorgeheizt)
Gas: Stufe 1–2 (vorgeheizt)
Backzeit: 20–30 Minuten pro Backblech

2 Nach dem Backen die Popcornflöckchen kurz abkühlen lassen, erst dann vom Backpapier lösen. Sie sollten noch etwas feucht sein, da sie nachtrocknen.

Tipp: *Die Popcornflöckchen schmecken frisch am besten, sind aber etwa 2 Wochen haltbar.*

Schicht-Nougat-Pralinen

(Foto)

Zutaten

200 g dunkler Nuss-Nougat
100 g heller Nuss-Nougat
etwa 13 unabgezogene Mandeln

Zubereitungszeit:
30 Minuten, ohne Kühlzeit

Insgesamt:
E: 28 g, F: 92 g, Kh: 172 g,
kJ: 6942, kcal: 1660

RAFFINIERT

1 Den dunklen Nuss-Nougat in einem kleinen Topf im Wasserbad bei schwacher Hitze zu einer geschmeidigen Masse verrühren, die Hälfte der Masse zu einem Rechteck (12 x 14 cm) auf Alufolie streichen und im Kühlschrank fest werden lassen.

2 Den hellen Nuss-Nougat wie oben angegeben auflösen, auf die dunkle Masse geben, glattstreichen und im Kühlschrank fest werden lassen.

3 Von der restlichen dunklen Masse 2 Teelöffel in ein Pergamentpapiertütchen geben, die übrige Masse auf die helle Masse streichen. Mandeln längs halbieren, darauf verteilen, mit der Masse aus dem Tütchen verzieren und im Kühlschrank fest werden lassen.

4 Die Masse so in Rechtecke schneiden, dass jeweils eine Mandelhälfte in der Mitte liegt. Gut gekühlt servieren.

Tipp: *In gut schließenden Dosen (zwischen jede Pralinen-Schicht Alufolie legen) kühl aufbewahrt etwa 4 Wochen haltbar.*

Sahnekonfekt

Zutaten

1 Vanilleschote
125 ml (⅛ l) Schlagsahne
300 g Vollmilch-Kuvertüre
30 g weiche Butter

50 g gesiebter Puderzucker
20 g Kakaopulver

Zubereitungszeit:
50 Minuten, ohne Kühlzeit

Insgesamt:
E: 26 g, F: 171 g, Kh: 225 g,
kJ: 10775, kcal: 2576

GUT VORZUBEREITEN

1 Vanilleschote aufschlitzen, in die Sahne geben, kurz aufkochen lassen und von der Kochstelle nehmen. Die Schote herausnehmen, auskratzen und das Mark wieder in die Sahne geben. Kuvertüre zerkleinern, hinzugeben und so lange rühren, bis eine einheitliche Masse entstanden ist. Die Masse in eine Schüssel geben und kalt stellen.

2 Die festgewordene Masse zusammen mit der Butter mit Handrührgerät mit Rührbesen hellcremig schlagen und nochmals so lange kalt stellen, bis sie wieder fest geworden ist.

3 Aus der Masse kleine Kugeln formen, in Puderzucker wälzen und mit Kakao bestäuben. Das Sahnekonfekt in Pralinenförmchen geben und und gekühlt servieren.

Tipp: *Kühl aufbewahrt ist das Sahnekonfekt etwa 2 Wochen haltbar.*

Orangentrüffel

(Foto)

Zutaten

200 g Zartbitterschokolade
125 g weiche Butter
125 g gesiebter Puderzucker
2–3 EL Orangenmarmelade
75 g abgezogene, gehackte, geröstete Mandeln
100 g Schokoladenraspel

Zubereitungszeit:
60 Minuten, ohne Kühlzeit

Insgesamt:
E: 38 g, F: 238 g, Kh: 315 g, kJ: 15360, kcal: 3669

GUT VORZUBEREITEN

1 Schokolade zerkleinern, in einem kleinen Topf im Wasserbad bei schwacher Hitze zu einer geschmeidigen Masse verrühren und abkühlen lassen (sie sollte noch flüssig, aber nicht mehr warm sein).

2 Butter mit Handrührgerät mit Rührbesen auf höchster Stufe geschmeidig rühren. Puderzucker unterrühren. Schokolade und Orangenmarmelade hinzufügen und gut verrühren. Die Masse einige Stunden in den Kühlschrank stellen.

3 Jeweils ¼ der Trüffelmasse aus dem Kühlschrank nehmen, mit einem Teelöffel kleine Stücke abstechen und zu Kugeln formen.

4 Die Hälfte der Trüffel in Mandeln, die restlichen Trüffel in Schokoladenraspeln wälzen. Gut gekühlt servieren.

Tipps: *Die Orangentrüffel können durch Zugabe von 1–2 Esslöffeln Orangenlikör verfeinert werden.*
In gut schließenden Dosen kühl aufbewahrt 3–4 Wochen haltbar.

Walnuss-Aprikosen-Konfekt

Zutaten

125 g getrocknete Aprikosen
3 EL Aprikot Brandy
200 g Marzipan-Rohmasse
100 g gesiebter Puderzucker

100 g Kuvertüre
100 g Walnusskernhälften

Zubereitungszeit:
45 Minuten, ohne Durchziehzeit

Insgesamt:
E: 51 g, F: 168 g, Kh: 329 g, kJ: 13456, kcal: 3215

MIT ALKOHOL

1 Aprikosen in sehr kleine Stücke schneiden, mit Aprikot Brandy übergießen und zugedeckt etwa 2 Stunden durchziehen lassen.

2 Marzipan-Rohmasse hinzufügen und mit Handrührgerät mit Rührbesen gut verrühren. Puderzucker unterkneten. Aus der Masse etwa 2 cm dicke Rollen formen und in etwa ½ cm dicke Scheiben schneiden.

3 Kuvertüre in kleine Stücke schneiden und in einem kleinen Topf im Wasserbad bei schwacher Hitze zu einer geschmeidigen Masse verrühren. Jede Marzipanscheibe hineintauchen und auf Pergamentpapier setzen, evtl. nochmals umsetzen, damit das Konfekt keine „Füßchen“ bekommt. Mit Walnusskernhälften garnieren und in kleine Pralinenförmchen setzen.

Tipps: *Anstelle der Aprikosen können auch abgetropfte, bunte Belegkirschen verwendet werden.*
In gut schließenden Dosen kühl aufbewahrt etwa 4 Wochen haltbar.

Pistazien-Marzipan-Herzen
(Foto)

Zutaten

200 g Marzipan-Rohmasse
100 g gesiebter Puderzucker
50 g gemahlene Pistazienkerne
1 EL Kirsch- oder Marillenlikör (Aprikosenlikör)
150–200 g Halbbitter-Kuvertüre
30 g weiße Kuvertüre
gehackte Pistazienkerne

Zubereitungszeit:
30 Minuten, ohne Kühlzeit

Insgesamt:
E: 56 g, F: 129 g, Kh: 339 g, kJ: 11936, kcal: 2852

FÜR GÄSTE

1 Marzipan-Rohmasse mit Puderzucker, Pistazien und Likör mit Handrührgerät mit Knethaken verkneten.

2 Die Masse auf gesiebtem Puderzucker etwa 1 cm dick ausrollen und Herzen ausstechen (die Ausstechförmchen jeweils vorher in Puderzucker tauchen). Die Marzipan-Herzen vorsichtig aus der Form drücken (an der Form haftende Marzipanreste entfernen) und mit Folie zugedeckt etwa 60 Minuten kalt stellen.

3 Halbbitter-Kuvertüre zerkleinern und in einem kleinen Topf im Wasserbad bei schwacher Hitze zu einer geschmeidigen Masse verrühren. Die Marzipan-Herzen einzeln in die Kuvertüre tauchen, auf einer Gabel herausheben, dabei die Kuvertüre am Topfrand gut abstreifen, die Herzen auf Pergamentpapier setzen und den Guss fest werden lassen.

4 Weiße Kuvertüre wie oben angegeben auflösen, die Herzen mit Hilfe eines Teelöffels damit besprenkeln und mit Pistazien garnieren.

Tipp: *Gut gekühlt etwa 4 Wochen haltbar.*

Fruchtige Marzipanbrote

Zutaten

4 getrocknete Apfelringe
4 Trockenpflaumen
4 Trockenaprikosen
200 g Marzipan-Rohmasse
40 g abgezogene, gehackte Mandeln
40 g gehackte Walnusskerne
4 TL Sesamsamen
40 g feingehacktes Orangeat

80 g Zartbitterschokolade
etwas Kokosfett

Zubereitungszeit:
15 Minuten, ohne Kühlzeit

Insgesamt:
E: 53 g, F: 162 g, Kh: 246 g, kJ: 11667, kcal: 2787

GUT VORZUBEREITEN

1 Apfelringe, Trockenpflaumen und Trockenaprikosen fein würfeln. Marzipan-Rohmasse mit Mandeln, Walnüssen, Sesam, Orangeat, Apfel-, Trockenpflaumen- und -aprikosenwürfeln verkneten. Die Masse vierteln und jedes Viertel zu einem Brot formen.

2 Schokolade mit Kokosfett in einem kleinen Topf im Wasserbad bei schwacher Hitze zu einer geschmeidigen Masse verrühren. Die Marzipanbrote damit bestreichen und im Kühlschrank fest werden lassen.

Tipps: *Die Marzipanbrote nach Belieben mit Sesamsamen und Marzipanmotiven garnieren oder mit Hilfe einer Gabel wellenförmig verzieren.*
Die Marzipanbrote sind in Klarsichtfolie verpackt und kühl aufbewahrt etwa 4 Wochen haltbar.

Mandelsplittertrüffel
(Foto)

Zutaten

125 g Butter
2 EL gesiebter Puderzucker
250 g Halbbitter-Kuvertüre
5 EL Mandellikör
50–75 g geröstete, gestiftelte Mandeln

150 g Vollmilch-Kuvertüre
30 g geraspelte, weiße Schokolade

Zubereitungszeit:
60 Minuten, ohne Kühlzeit

Insgesamt:
E: 48 g, F: 218 g, Kh: 329 g,
kJ: 15478, kcal: 3699

MIT ALKOHOL

1 Butter und Puderzucker mit Handrührgerät mit Rührbesen auf höchster Stufe cremig rühren. Halbbitter-Kuvertüre in Stücke schneiden, in einem kleinen Topf im Wasserbad bei schwacher Hitze zu einer geschmeidigen Masse verrühren und abkühlen lassen (die Kuvertüre sollte noch flüssig, jedoch nicht mehr warm sein).

2 Mandellikör mit der Kuvertüre unter die Buttermasse rühren. Die Masse in einen Spritzbeutel mit Lochtülle füllen und auf Pergamentpapier walnussgroße Häufchen spritzen. In jedes Häufchen einige Mandelstifte drücken und die Trüffel erkalten lassen.

3 Vollmilch-Kuvertüre wie oben angegeben auflösen, die Trüffel damit überziehen und mit Schokoladenraspeln garnieren. Gut gekühlt servieren.

Tipp: *Gut gekühlt aufbewahrt sind die Mandelsplittertrüffel 3–4 Wochen haltbar.*

Calvadospralinen

Zutaten

4 getrocknete Apfelringe
3 EL Calvados
200 ml Schlagsahne
250 g Halbbitter-Kuvertüre
100 g Kokosfett
grob gehackte Pistazienkerne

Zubereitungszeit:
60 Minuten, ohne Durchzieh- und Kühlzeit

Insgesamt:
E: 16 g, F: 250 g, Kh: 144 g,
kJ: 12880, kcal: 3077

RAFFINIERT

1 Apfelringe fein würfeln, mit Calvados übergießen und zugedeckt 3–4 Stunden durchziehen lassen.

2 Sahne zum Kochen bringen, von der Kochstelle nehmen. Kuvertüre klein schneiden, mit Kokosfett in die Sahne geben und unter Rühren auflösen. Die Masse abkühlen lassen, bis sie halbfest ist.

3 Die Masse mit Handrührgerät mit Rührbesen cremig aufschlagen und die Apfelstückchen mit dem Calvados unterrühren. Die Masse in einen Spritzbeutel mit weiter Sterntülle oder Tüllenring geben, Tuffs in Pralinenförmchen spritzen, mit Pistazien garnieren und kalt stellen. Gut gekühlt servieren.

Tipps: *Nach dem Erstarren die Pralinen zusätzlich mit aufgelöster, weißer oder dunkler Kuvertüre besprenkeln.*
Gut gekühlt aufbewahrt sind die Calvadospralinen etwa 3 Wochen haltbar.

Karamell-Mandel-Pralinen

(Foto)

Zutaten

165 g Zucker
1 EL Butter
1 EL Schlagsahne
75 g Marzipan-Rohmasse
85 g geröstete, gestiftelte Mandeln

150 g Vollmilch-Kuvertüre
Kakaopulver

Zubereitungszeit:
40 Minuten, ohne Kühlzeit

Insgesamt:
E: 37 g, F: 155 g, Kh: 288 g,
kJ: 11467, kcal: 2740

GUT VORZUBEREITEN

1 Zucker in einem Topf unter Rühren schmelzen lassen, bis er hellbraun ist. Den Topf von der Kochstelle nehmen.

2 Butter und Sahne unterrühren und die Masse nochmals leicht erhitzen. Marzipan-Rohmasse in kleine Würfel schneiden und mit den Mandeln unterrühren.

3 Die Masse etwa 1 cm dick auf ein mit Butter gefettetes Backblech streichen und erkalten lassen. Dann kleine Rechtecke von etwa 1 x 3 cm ausschneiden.

4 Kuvertüre grob zerkleinern, in einem kleinen Topf im Wasserbad bei schwacher Hitze zu einer geschmeidigen Masse verrühren, die Rechtecke damit überziehen und mit Kakao bestäuben.

Tipps: *Zum Glattstreichen und Schneiden der Karamellmasse am besten ein feuchtes Messer verwenden.*
Gut verpackt sind die Karamell-Mandel-Pralinen 4–6 Wochen haltbar.

Schneebällchen

Zutaten

(25 Stück)

200 g heller Nuss-Nougat
1 Pck. Bourbon-Vanillezucker
1 EL Orangenblüten- oder Rosenwasser
25 abgezogene Mandeln
Puderzucker

150 g weiße Kuvertüre
75 g Kokosraspel

Zubereitungszeit:
40 Minuten, ohne Kühlzeit

Insgesamt:
E: 41 g, F: 168 g, Kh: 220 g,
kJ: 10851, kcal: 2594

RAFFINIERT

1 Nuss-Nougat in einem kleinen Topf im Wasserbad bei schwacher Hitze zu einer geschmeidigen Masse verrühren. Bourbon-Vanillezucker und Orangenblüten- oder Rosenwasser unterrühren.

2 Die Masse in 25 Stücke teilen und in jedes jeweils 1 Mandel drücken. Aus der Masse Kugeln formen (dazu Hände mit Puderzucker bestäuben) und kalt stellen.

3 Kuvertüre zerkleinern und in einem kleinen Topf im Wasserbad bei schwacher Hitze zu einer geschmeidigen Masse verrühren. Die Kugeln mit Hilfe einer Gabel hineintauchen und sofort in Kokosraspeln wenden. In Pralinenförmchen anrichten und gekühlt servieren.

Tipps: *Nach Belieben anstelle von ganzen Mandeln 50 g abgezogene, gehackte Mandeln unter die Nougatmasse arbeiten.*
Anstelle von hellem kann auch dunkler Nuss-Nougat verwendet werden.
Gut gekühlt aufbewahrt 3–4 Wochen haltbar.

Rumkugeln
(Foto)

Zutaten

150 g Biskuitreste oder Eierplätzchen
50 g zerlassenes Kokosfett
3 EL Rum
3 EL Wasser
1 geh. EL gesiebter Puderzucker
1 gestr. EL gesiebtes Kakaopulver

50 g Schokoladenstreusel

Zubereitungszeit:
30 Minuten, ohne Kühlzeit

Insgesamt:
E: 11 g, F: 60 g, Kh: 176 g, kJ: 5881, kcal: 1404

KLASSISCH

1 Biskuitreste oder Eierplätzchen zerkrümeln und in eine Rührschüssel geben.

2 Kokosfett, Rum, Wasser, Puderzucker und Kakao hinzugeben und mit den Biskuitkrümeln mit Handrührgerät mit Rührbesen verrühren. Die Masse kalt stellen.

3 Aus der erkalteten Masse Kugeln formen, in Schokoladenstreuseln wälzen und wieder kalt stellen.

Abwandlung: *Noch „schokoladiger" schmecken die Rumkugeln, wenn man 150 g zerkrümelte Biskuitreste mit 75 ml Rum (oder halb Rum halb Wasser) übergießt, 150 g Zartbitterschokolade grob zerkleinert, in einem kleinen Topf im Wasserbad bei schwacher Hitze zu einer geschmeidigen Masse verrührt, 1 Teelöffel Butter, 1 ½ Esslöffel gesiebten Puderzucker und 1 Teelöffel gesiebtes Kakaopulver unterrührt, die Schokoladenmasse unter die eingeweichten Gebäckkrümel rührt, Kugeln daraus formt, in Schokoladenstreuseln wälzt und kalt stellt.*

Tipp: *Gut gekühlt 3–4 Wochen haltbar.*

Nussmarzipan

Zutaten

200 g Marzipan-Rohmasse
1 geh. EL gesiebter Puderzucker
1 EL Nusslikör
40 g gemahlene, geröstete Haselnusskerne
etwa 75 g Vollmilch-Kuvertüre
etwa 75 g Halbbitter-Kuvertüre
Haselnusskerne

Zubereitungszeit:
35 Minuten, ohne Trockenzeit

Insgesamt:
E: 43 g, F: 167 g, Kh: 182 g, kJ: 10431, kcal: 2492

RAFFINIERT

1 Marzipan-Rohmasse mit Puderzucker, Nusslikör und Haselnüssen verkneten. Die Masse auf der mit Puderzucker bestreuten Arbeitsfläche etwa 1 cm dick ausrollen, in kleine Rechtecke schneiden und 1–2 Stunden trocknen lassen.

2 Die Kuvertüresorten getrennt in einem kleinen Topf im Wasserbad bei schwacher Hitze zu einer geschmeidigen Masse verrühren. Eine Hälfte der Rechtecke mit Vollmilch-, die andere mit Halbbitter-Kuvertüre überziehen.

3 Haselnüsse in Halbbitter-Kuvertüre tauchen und jeweils einen auf die Mitte einer hellen Praline setzen. Mit der restlichen Vollmilch-Kuvertüre die dunklen Pralinen garnieren.

Tipps: *Nach Belieben anstelle von Haselnusskernen Mandeln verwenden, den Nusslikör durch Orangenlikör ersetzen und die Pralinen mit weißer Kuvertüre überziehen.*
Gut gekühlt und verpackt etwa 4 Wochen haltbar.

Nusspralinen
(Foto)

Zutaten

(etwa 55 Stück)

125 ml (⅛ l) Schlagsahne
200 g Vollmilch-Kuvertüre
50 g weiche Butter
100 g Haselnussmus

etwa 28 Haselnusskerne

Zubereitungszeit:
30 Minuten, ohne Kühlzeit

Insgesamt:
E: 24 g, F: 176 g, Kh: 130 g,
kJ: 9409, kcal: 2250

EINFACH

1 Sahne zum Kochen bringen und von der Kochstelle nehmen. Kuvertüre zerkleinern und darin unter Rühren auflösen. Butter und Haselnussmus unterrühren und die Masse im Kühlschrank halbfest werden lassen.

2 Die Masse dann mit Handrührgerät mit Rührbesen cremig schlagen, in einen Spritzbeutel mit gezackter Tülle füllen und Tuffs in Pralinenförmchen spritzen.

3 Haselnüsse halbieren, die Pralinen damit garnieren und kalt stellen. Die festgewordenen Pralinen in gut schließenden Dosen kühl aufbewahren.

Tipps: *Haselnussmus ist im Reformhaus oder Naturkostladen erhältlich.*
Gut gekühlt etwa 3 Wochen haltbar.

Schokoladen-Tee-Canache

Zutaten

25 g schwarze Teeblätter
125 ml (⅛ l) Wasser
125 ml (⅛ l) Schlagsahne
300 g Vollmilch-Kuvertüre
100 g weiche Butter
50 g zerlassenes, heißes Kokosfett

gesiebtes Kakaopulver

Zubereitungszeit:
50 Minuten, ohne Kühlzeit

Insgesamt:
E: 24 g, F: 276 g, Kh: 172 g,
kJ: 13983, kcal: 3342

GUT VORZUBEREITEN

1 Tee mit sprudelnd kochendem Wasser übergießen, etwa 3 Minuten ziehen lassen und durch ein Sieb gießen.

2 Sahne zum Kochen bringen und von der Kochstelle nehmen. Kuvertüre zerkleinern, mit dem Tee hinzufügen und die Kuvertüre unter Rühren darin auflösen. Butter unterrühren. Die Masse im Kühlschrank fest werden lassen.

3 Die Masse mit Handrührgerät mit Rührbesen cremig aufschlagen, dabei Kokosfett unterschlagen. Die Masse etwa 1 cm dick auf ein mit Alufolie belegtes Brett streichen und im Kühlschrank in 2–3 Stunden fest werden lassen.

4 Die Masse mit einem in heißes Wasser getauchten, abgetrockneten Messer in Rechtecke von etwa 1 x 2 ½ cm schneiden, in Kakao wälzen und 2–3 Stunden kalt stellen. Gekühlt servieren.

Tipps: *Nach Belieben zusätzlich mit Puderzucker bestäuben.*
In gut schließenden Dosen kühl aufbewahrt 3–4 Wochen haltbar.

Granatsplitter

Zutaten

Für den Knetteig:
150 g Weizenmehl
1 gestr. TL Backpulver
50 g Zucker
1 Pck. Vanillin-Zucker
1 Fläschchen Rum-Aroma
2 EL Wasser
75 g kalte Butter

Für den Belag:
125 g Kokosfett
65 g Puderzucker
25 g Kakaopulver
1 Pck. Vanillin-Zucker
1 Fläschchen Rum-Aroma
1 Ei (Größe M)
75 g abgezogene, gestiftelte Mandeln

Für den Guss:
etwa 150 g Halbbitter-Kuvertüre

Zubereitungszeit:
50 Minuten, ohne Kühlzeit

Insgesamt:
E: 58 g, F: 247 g, Kh: 368 g, kJ: 17102, kcal: 4085

FÜR GÄSTE

1 Für den Teig Mehl und Backpulver mischen und in eine Rührschüssel sieben. Zucker, Vanillin-Zucker, Rum-Aroma, Wasser und Butter hinzufügen. Die Zutaten mit Handrührgerät mit Knethaken zunächst kurz auf niedrigster, dann auf höchster Stufe gut durcharbeiten.

2 Anschließend auf der bemehlten Arbeitsfläche zu einem glatten Teig verkneten, sollte er kleben, ihn eine Zeitlang kalt stellen.

3 Den Teig dünn ausrollen, mit einer runden Form (Ø etwa 4 cm) etwa 45 Plätzchen ausstechen und den Teigrest zu Plätzchen von beliebiger Form ausrädern. Alle Teigplätzchen auf ein gefettetes Backblech legen. Das Backblech in den Backofen schieben.

Ober-/Unterhitze: etwa 200 °C (vorgeheizt)
Heißluft: etwa 180 °C (vorgeheizt)
Gas: etwa Stufe 4 (vorgeheizt)
Backzeit: etwa 10 Minuten

4 Die Plätzchen vom Backblech nehmen und erkalten lassen.

5 Für den Belag Kokosfett zerlassen und abkühlen lassen. Puderzucker und Kakao mischen, in eine Rührschüssel sieben und Vanillin-Zucker, Rum-Aroma und Ei hinzufügen. Nach und nach das Kokosfett mit Handrührgerät mit Rührbesen unterrühren.

6 Die ausgeräderten Plätzchen in kleine Stücke brechen, mit Mandeln unter die Kakaomasse rühren und die Masse bergförmig auf die runden Plätzchen streichen.

7 Für den Guss Kuvertüre grob zerkleinern und in einem kleinen Topf im Wasserbad bei schwacher Hitze zu einer geschmeidigen Masse verrühren. Die Granatsplitter mit der Oberseite eintauchen und kalt stellen, damit Belag und Guss fest werden. Gekühlt servieren.

Tipps: *Anstelle der Mandeln können auch gehobelte Haselnusskerne verwendet werden. Nach Belieben zusätzlich 50 g fein gewürfelte, getrocknete Aprikosen untermischen.*
Gut gekühlt etwa 4 Wochen haltbar.

Bethmännchen

(Foto)

Zutaten

(etwa 30 Stück)

1 Eiweiß (Größe M)
200 g abgezogene, gemahlene Mandeln
125 g gesiebter Puderzucker
1 TL Speisestärke
etwas Eiweiß
100 g abgezogene, halbierte Mandeln

1 Eigelb
1 EL Wasser

Zubereitungszeit:
30 Minuten, ohne Trockenzeit

Insgesamt:
E: 67 g, F: 165 g, Kh: 147 g,
kJ: 10640, kcal: 2541

KLASSISCH

1 Eiweiß mit Handrührgerät mit Rührbesen steif schlagen. Mandeln, Puderzucker und Speisestärke kurz unterrühren. Aus der Masse walnussgroße Kugeln formen und mit verquirltem Eiweiß bestreichen.

2 An jede Kugel 3 Mandelhälften drücken, so dass die Kugeln spitz nach oben zulaufen. Die Bethmännchen auf ein mit Backpapier belegtes Backblech setzen und über Nacht trocknen lassen.

3 Eigelb und Wasser verquirlen und die Bethmännchen damit bestreichen. Das Backblech in den Backofen schieben.

Ober-/Unterhitze: etwa 180°C
(vorgeheizt, mittlere Einschubleiste)
Heißluft: etwa 160°C (vorgeheizt)
Gas: etwa Stufe 3 (vorgeheizt)
Backzeit: etwa 15 Minuten

4 Die Bethmännchen vom Backblech nehmen und auf einem Kuchenrost erkalten lassen.

Tipps: *Nach Belieben zusätzlich 1 Esslöffel Rosenwasser (aus der Apotheke) in die Masse geben.*
Für die Bethmännchen gekaufte gemahlene Mandeln verwenden, denn selbstgemahlene Mandeln sind nicht fein genug und bringen frisch gemahlen zuviel Fett in die Masse, so dass die Bethmännchen breitlaufen.

Ananas-Krokant-Pralinen

Zutaten

200 g Vollmilch-Kuvertüre
200 g Haselnuss-Krokant
60 g kandierte Ananasstückchen

Zubereitungszeit:
25 Minuten

Insgesamt:
E: 22 g, F: 101 g, Kh: 331 g,
kJ: 10014, kcal: 2393

RAFFINIERT

1 Kuvertüre grob zerkleinern, in einem kleinen Topf im Wasserbad bei schwacher Hitze zu einer geschmeidigen Masse verrühren und mit Krokant verrühren.

2 Mit 2 Teelöffeln kleine Häufchen auf Backpapier setzen, mit Ananasstückchen garnieren und fest werden lassen.

Tipps: *Nach Belieben die Ananasstückchen in 30 g aufgelöste Halbbitter-Kuvertüre tauchen und fest werden lassen.*
Gut gekühlt aufbewahrt halten sich die Ananas-Krokant-Pralinen etwa 4 Wochen.

Friesische Weihnachtstorte

Zutaten

Für den Knetteig:
250 g Weizenmehl
1 Msp. Backpulver
2 Pck. Vanillin-Zucker
1 Becher (150 g) Crème fraîche
175 g Butter

Für die Streusel:
150 g Weizenmehl
75 g Zucker
1 Pck. Vanillin-Zucker
1 Msp. gemahlener Zimt
100 g Butter

Für die Füllung:
500 ml (½ l) Schlagsahne
25 g Zucker
1 Pck. Vanillin-Zucker
2 Pck. Sahnesteif
450 g Pflaumenmus

Puderzucker

Zubereitungszeit:
50 Minuten, ohne Kühlzeit

Insgesamt:
E: 65 g, F: 431 g, Kh: 703 g,
kJ: 30165, kcal: 7209

KLASSISCH

1 Für den Teig Mehl mit Backpulver mischen und in eine Rührschüssel sieben. Vanillin-Zucker, Crème fraîche und Butter hinzufügen. Die Zutaten mit Handrührgerät mit Knethaken zunächst kurz auf niedrigster, dann auf höchster Stufe gut durcharbeiten.

2 Anschließend auf der Arbeitsfläche zu einem glatten Teig verkneten. Sollte er kleben, ihn eine Zeitlang kalt stellen.

3 Den Teig in 4 gleich große Stücke teilen und jeweils ein Teigstück auf dem Boden einer Springform (Ø 28 cm, Boden gefettet) ausrollen. Dabei darauf achten, dass der Teigboden am Rand nicht zu dünn ist und ihn mehrmals mit einer Gabel einstechen. Den Springformrand darumlegen.

4 Für die Streusel Mehl in eine Schüssel sieben und mit Zucker, Vanillin-Zucker und Zimt mischen. Butter in Flöckchen dazugeben und die Zutaten mit den Händen oder 2 Gabeln zu Streuseln verarbeiten. Den Teigboden mit ¼ der Streusel gleichmäßig bedecken. Mit den restlichen Teigteilen und Streuseln in gleicher Weise verfahren. Die Form auf dem Rost in den Backofen schieben.

Ober-/Unterhitze: etwa 200 °C (vorgeheizt)
Heißluft: etwa 170 °C (vorgeheizt)
Gas: etwa Stufe 4 (vorgeheizt)
Backzeit: etwa 15 Minuten pro Boden

5 Die Böden sofort nach dem Backen vom Springformboden lösen und einen der Böden in 12 oder 14 Tortenstücke schneiden. Die Böden auf einem Kuchenrost erkalten lassen.

6 Für die Füllung Sahne mit Zucker, Vanillin-Zucker und Sahnesteif steif schlagen und in einen Spritzbeutel mit gezackter Tülle füllen.

7 Die 3 unzerteilten Tortenböden zunächst mit jeweils ⅓ von dem Pflaumenmus bestreichen, jeweils ⅓ der Sahne darauf spritzen und die Böden zu einer Torte zusammensetzen. Den geschnittenen Boden fächerartig darauf legen. Die Torte 2–3 Stunden kalt stellen.

8 Die Torte vor dem Servieren mit Puderzucker bestäuben. Sie läßt sich am besten mit einem Sägemesser schneiden.

Mokka-Sahne-Kranz

Zutaten

Für den Biskuitteig:
7 Eier (Größe M)
125 g Zucker
1 Pck. Vanillin-Zucker
25 g Weizenmehl
1 gestr. TL Backpulver
150 g gemahlene Haselnusskerne
150 g aufgelöste, etwas abgekühlte Zartbitterschokolade

Für die Füllung:
2 TL Instant-Kaffeepulver
2 EL kochendheißes Wasser
400 ml Schlagsahne
2 Pck. Sahnesteif
1 Pck. Bourbon-Vanillezucker
1 EL Zucker
50 g Mokka-Sahne-Schokolade (hell und dunkel gestreift)

50 g Mokka-Sahne-Schokolade

Zubereitungszeit:
50 Minuten, ohne Durchziehzeit

Insgesamt:
E: 106 g, F: 342 g, Kh: 347 g, kJ: 21160, kcal: 5055

RAFFINIERT

1 Für den Teig Eier mit Handrührgerät mit Rührbesen auf höchster Stufe in 1 Minute schaumig schlagen. Zucker und Vanillin-Zucker mischen, in 1 Minute einstreuen, dann noch etwa 2 Minuten schlagen.

2 Mehl mit Backpulver mischen, sieben und mit den Haselnüssen vermischen. Die Hälfte davon auf die Eiercreme geben, kurz auf niedrigster Stufe unterrühren, den Rest des Mehl-Nuss-Gemisches auf die gleiche Weise unterarbeiten. Schokolade vorsichtig kurz auf niedrigster Stufe unterrühren.

3 Den Teig in eine gut gefettete und gemehlte Kranzform (Ø 24 cm) füllen. Die Form auf dem Rost in den Backofen schieben und sofort backen.

Ober-/Unterhitze: etwa 170 °C (vorgeheizt, unteres Drittel)
Heißluft: –
Gas: Stufe 2–3 (nicht vorgeheizt)
Backzeit: etwa 50 Minuten

4 Den Kranz nach dem Backen 10 Minuten in der Form stehen lassen. Ihn dann auf einen mit Backpapier belegten Kuchenrost stürzen und erkalten lassen. Den erkalteten Kranz zweimal waagerecht durchschneiden.

5 Für die Füllung Kaffeepulver in dem Wasser auflösen und erkalten lassen.

6 Sahne mit Sahnesteif, Bourbon-Vanillezucker und Zucker steif schlagen und den Kaffee unterschlagen.

7 Schokolade klein schneiden, unter gut die Hälfte der Kaffeesahne heben und den Kranz damit füllen. Den Kranz mit der restlichen Kaffeesahne bestreichen. Nach Belieben die Sahne mit Hilfe einer Gabel verzieren.

8 Schokolade in Streifen schneiden und den Kranz damit garnieren. Den Kranz 2–3 Stunden durchziehen lassen.

Tipps: *Nach Belieben die Böden zusätzlich mit etwas Preiselbeer- oder Aprikosenkonfitüre bestreichen.*
Der Mokka-Sahne-Kranz kann 1 Tag vor dem Verzehr vorbereitet werden und ist gefriergeeignet.

Trüffeltorte

Zutaten

Für den Biskuitteig:
50 g Zartbitterschokolade
5 Eigelb (Größe M)
100 g Zucker
1 Pck. Vanillin-Zucker
5 Eiweiß (Größe M)
50 g Zucker
170 g Weizenmehl
3 gestr. TL Backpulver

Für die Trüffelsahne:
100 g Zartbitterschokolade
500 ml (½ l) Schlagsahne
2 Pck. Sahnesteif
1 Pck. Jamaika-Rum-Aroma

Zum Verzieren und Garnieren:
geschabte Halbbitter-Kuvertüre
Kakaopulver
Puderzucker
Trüffelpralinen

Zubereitungszeit:
50 Minuten, ohne Kühlzeit

Insgesamt:
E: 76 g, F: 238 g, Kh: 463 g,
kJ: 18563, kcal: 4436

FÜR GÄSTE

1 Für den Teig Schokolade zerkleinern, in einem kleinen Topf im Wasserbad bei schwacher Hitze zu einer geschmeidigen Masse verrühren und etwas abkühlen lassen.

2 Eigelb mit Handrührgerät mit Rührbesen auf höchster Stufe in 1 Minute schaumig schlagen. Zucker und Vanillin-Zucker mischen, in 1 Minute einstreuen, dann noch etwa 2 Minuten schlagen. Schokolade zur Eigelb-Zucker-Masse geben und so lange schlagen, bis eine cremige Masse entstanden ist.

3 Eiweiß steif schlagen und unter Rühren Zucker hinzufügen. Den Eischnee auf die Eigelbmasse geben und vorsichtig unterheben.

4 Mehl mit Backpulver mischen, die Hälfte davon auf die Eigelbcreme sieben und kurz unterziehen. Den Rest des Mehlgemisches auf dieselbe Weise unterarbeiten. Den Teig in eine Springform (Ø 26 oder 28 cm, Boden gefettet, mit Backpapier belegt) füllen. Die Form auf dem Rost in den Backofen schieben.

Ober-/Unterhitze: etwa 180 °C (vorgeheizt)
Heißluft: –
Gas: etwa Stufe 3 (nicht vorgeheizt)
Backzeit: etwa 40 Minuten

5 Den Tortenboden aus der Form lösen, auf einen Kuchenrost stürzen und erkalten lassen. Das Backpapier abziehen und den Boden einmal waagerecht durchschneiden.

6 Für die Trüffelsahne Schokolade in kleine Stücke brechen, mit der Hälfte der Sahne in einem kleinen Topf unter Rühren aufkochen und kalt stellen (am besten über Nacht).

7 Die restliche Sahne zu der Schokoladensahne geben und ½ Minute schlagen. Sahnesteif und Rum-Aroma hinzufügen und die Sahne steif schlagen.

8 Den unteren Boden gleichmäßig mit ⅔ der Trüffelsahne bestreichen, mit dem oberen Boden bedecken. Tortenrand und -oberfläche gleichmäßig mit der restlichen Trüffelsahne bestreichen. Den Tortenrand mit Kuvertüre bestreuen. Die Torte auf eine Tortenplatte geben und einige Zeit kalt stellen.

9 Kurz vor dem Verzehr die Tortenoberfläche mit Kakao bestäuben, eine Schablone auflegen, mit Puderzucker bestäuben und die Schablone vorsichtig abheben. Die Torte mit Trüffelpralinen garnieren.

Tipps: *Nach Belieben zusätzlich etwa 3 Esslöffel Orangenmarmelade oder Preiselbeeren auf den unteren Boden streichen.*
Die Torte kann bereits am Vortag zubereitet werden. Sie aber erst kurz vor dem Verzehr mit Kakao und Puderzucker bestäuben.

Adventstorte

Zutaten

Für den Boden:
125 g Gewürzspekulatius oder Nussplätzchen
50 g Butter

Für die Creme:
4 Blatt weiße Gelatine
250 g Mascarpone (italienischer Frischkäse)
250 g Magerquark
2 EL flüssiger Honig
1 Pck. Vanillin-Zucker
1 ½ TL gemahlener Zimt
75 g Zucker
250 ml (¼ l) Schlagsahne

1 Baiserschale (40 g)
2 TL Kakaopulver

Zubereitungszeit:
30 Minuten, ohne Kühlzeit

Insgesamt:
E: 64 g, F: 248 g, Kh: 240 g, kJ: 14863, kcal: 3553

RAFFINIERT

1 Für den Boden einen Springformrand (Ø 20–22 cm) auf eine Tortenplatte stellen. Spekulatius oder Nussplätzchen in einen Gefrierbeutel geben, den Beutel fest verschließen, die Plätzchen mit einer Teigrolle fein zerdrücken und in eine Schüssel geben.

2 Butter zerlassen, zu den Bröseln geben, gut verrühren, in den Springformrand füllen und mit einem Löffel gleichmäßig andrücken. Den Boden kalt stellen.

3 Für die Creme Gelatine nach Packungsanleitung einweichen. Mascarpone, Quark, Honig, Vanillin-Zucker, Zimt und Zucker verrühren. Die Hälfte der Sahne steif schlagen.

4 Gelatine ausdrücken, auflösen und unter die Mascarpone-Quark-Masse rühren. Sahne unterheben. Die Creme auf den Boden füllen und glattstreichen. Die Torte einige Stunden kalt stellen.

5 Den Springformrand entfernen. Die restliche Sahne steif schlagen und auf die Tortenoberfläche streichen. Kurz vor dem Servieren Baiserschale hacken und auf die Sahne streuen. Die Torte mit Kakao bestäuben.

Abwandlung: *Zusätzlich 3 Esslöffel Pflaumenmus auf den Boden streichen oder den Boden mit 250 g abgetropften Pflaumen aus dem Glas belegen. Dann die Creme nach Belieben mit 2–3 Esslöffeln Slibowitz abschmecken.*

Tipps: *Baiserbrösel und Kakao erst kurz vor dem Servieren auf die Sahne geben, da sie sonst durchweichen bzw. Feuchtigkeit ziehen. Für die Creme möglichst einen nicht zu stark gewürzten Honig verwenden, da dieser sonst den Zimtgeschmack übertönen würde. Der Boden kann bis zu 2 Tage vor dem Verzehr zubereitet werden werden. Ihn dann zugedeckt kalt stellen.*

Spekulatiuskuchen

Zutaten

Für den Kuchen:
150 g Zartbitterschokolade
50 g Butter
120 g Spekulatius
3 EL Kokosraspel
1 EL abgezogene, gehackte Mandeln
1 EL grob gehackte, getrocknete Aprikosen
50 g grob gehackte Vollmilchschokolade

Zum Verzieren und Garnieren:
75 g Schokolade
Kokosraspel
1–2 EL gewürfelte, getrocknete Aprikosen
evtl. kandierte Orangenscheiben oder Geleefrüchte

Zubereitungszeit:
35 Minuten, ohne Kühlzeit

Insgesamt:
E: 31 g, F: 160 g, Kh: 195 g, kJ: 10195, kcal: 2436

EINFACH

1 Für den Kuchen Schokolade grob zerkleinern und mit Butter in einem kleinen Topf im Wasserbad bei schwacher Hitze zu einer geschmeidigen Masse verrühren.

2 Spekulatius in einen Gefrierbeutel geben, den Beutel verschließen, die Spekulatius mit einer Teigrolle nur grob zerdrücken und in eine Schüssel geben. Kokosraspel, Mandeln, Aprikosen und Schokolade hinzufügen. Die Schokoladen-Butter-Mischung zugeben und alles gut vermengen.

3 Die Masse in eine ganz mit Backpapier ausgelegte Springform (Ø 16–18 cm) oder in einen auf eine Tortenplatte gestellten Tortenring füllen und etwa 2 Stunden kalt stellen.

4 Den Kuchen aus der Springform (Tortenring) lösen und das Papier entfernen.

5 Schokolade in einem kleinen Topf im Wasserbad bei schwacher Hitze zu einer geschmeidigen Masse verrühren und den Kuchen mit Hilfe eines Löffels damit besprenkeln. Den Kuchen mit Kokosraspeln und Aprikosen bestreuen und nach Belieben mit Orangenscheiben oder Geleefrüchten garnieren.

Tipps: *Den Kuchen möglichst frisch verzehren. Wenn er länger steht, wird er weicher.*
Anstelle der Spekulatius können auch Nussplätzchen verwendet werden.
Nach Belieben aus aufgelöster, weißer Kuvertüre ein Gitter auf Backpapier spritzen, kalt stellen, vor dem Servieren vorsichtig vom Papier lösen und auf den Kuchen legen.

Englischer Weihnachtskuchen

Zutaten

Für den Rührteig:
250 g Butter oder Margarine
250 g brauner Zucker (Kandisfarin)
1 Pck. Bourbon-Vanillezucker
1 Pck. Jamaika Rum-Aroma
½ Fläschchen Zitronen-Aroma
3 EL Rum
abgeriebene Schale von
1 Zitrone (unbehandelt)
½ TL gemahlener Zimt
1 Msp. geriebene Muskatnuss
5 Eier (Größe M)
250 g Weizenmehl
1 gestr. TL Backpulver
300 g Rosinen
300 g Korinthen
100 g feingehacktes Zitronat (Sukkade)
100 g feingehacktes Orangeat
50 g abgezogene, gehackte Mandeln
150 g rote, in Stücke geschnittene Belegkirschen

4 EL Aprikosenkonfitüre

Für die Marzipanhülle:
200 g Marzipan-Rohmasse
100 g gesiebter Puderzucker

Für den Guss:
300 g gesiebter Puderzucker
1–2 Eiweiß
einige Tropfen Zitronensaft

Zum Verzieren und Garnieren:
etwa 200 g Puderzucker
etwas Eiweiß
Zitronensaft
rote Speisefarbe
rote Belegkirschenstreifen
feingehacktes Zitronat (Sukkade)

Zubereitungszeit:
70 Minuten, ohne Durchziehzeit

Insgesamt:
E: 124 g, F: 342 g, Kh: 1722 g,
kJ: 46277, kcal: 11053

ETWAS AUFWENDIGER

1 Für den Teig Butter oder Margarine mit Handrührgerät mit Rührbesen auf höchster Stufe geschmeidig rühren. Nach und nach Zucker, Bourbon-Vanillezucker, Rum- und Zitronen-Aroma, Rum, Zitronenschale, Zimt und Muskat unterrühren. So lange rühren, bis eine gebundene Masse entstanden ist. Die Eier nach und nach unterrühren (jedes Ei etwa ½ Minute).

2 Mehl mit Backpulver mischen, sieben und portionsweise auf mittlerer Stufe unterrühren. Zuletzt Rosinen, Korinthen, Zitronat, Orangeat, Mandeln und Belegkirschen unterrühren. Den Teig in eine Springform (Ø 24 cm, Boden gefettet) füllen. Die Form auf dem Rost in den Backofen schieben.

Ober-/Unterhitze: etwa 160 °C (vorgeheizt, unteres Drittel)
Heißluft: etwa 140 °C (nicht vorgeheizt)
Gas: Stufe 2–3 (nicht vorgeheizt)
Backzeit: etwa 2 ¾ Stunden

3 Aprikosenkonfitüre durch ein Sieb streichen und kurz aufkochen lassen. Den Kuchen aus der Form lösen, auf einen Kuchenrost legen, sofort mit der Konfitüre bestreichen und erkalten lassen.

4 Für die Marzipanhülle Marzipan-Rohmasse mit Puderzucker verkneten und dünn ausrollen. Eine Platte (Ø 24 cm) daraus schneiden und auf das Gebäck legen. Aus dem restlichen Marzipan einen Streifen in Höhe des Gebäckrandes schneiden und um das Gebäck legen.

5 Für den Guss Puderzucker mit so viel Eiweiß und Zitronensaft verrühren, dass ein dickflüssiger Guss entsteht, den Kuchen damit überziehen und fest werden lassen.

6 Puderzucker mit soviel Eiweiß und Zitronensaft verrühren, dass ein sehr zähflüssiger Guss entsteht. Die Hälfte des Gusses mit Speisefarbe einfärben, die Güsse in Pergamentpapiertütchen füllen und die Spitzen abschneiden. Zuerst mit weißem Guss Fragezeichen und Tupfen spritzen. Anschließend die rosa Verzierungen spritzen. Zum Schluß die Mitte des Kuchens verzieren.

7 Den Kuchen mit Belegkirschen und Zitronat garnieren. Den Kuchen vor dem Verzehr mindestens 2–3 Tage durchziehen lassen.

Tipps: *Den Kuchen zum Überziehen mit Guss auf einen Topf, der kleiner als der Kuchendurchmesser ist, stellen (Pergamentpapier darunter legen!). Dadurch, dass das Gebäck auf dem Topf steht, kann der übrige Guss am Rand gut abtropfen. Vor dem Verzieren mit einem Torteneinteiler und Holzstäbchen Punkte am Rand der Torte markieren, damit die Ornamente gleichmäßig werden.*
Der Kuchen hält sich gut verpackt und kühl gelagert mehrere Wochen.

Glühweinkuchen

Zutaten

Für den Rührteig:
250 g Butter oder Margarine
250 g Zucker
1 Pck. Bourbon-Vanillezucker
etwas abgeriebene Zitronen- und Orangenschale (unbehandelt)
1 Prise Salz
1 Msp. gemahlene Nelken
4 Eier (Größe M)
250 g Weizenmehl
20 g Kakaopulver
3 gestr. TL Backpulver
125 ml (⅛ l) kalter Glühwein
50 g aufgelöste, etwas abgekühlte Kuvertüre

Zum Aprikotieren:
30 g Zucker
2 EL Wasser
50 g Aprikosenkonfitüre

Für den Guss:
2 EL Glühwein
2 EL Zucker
Schale von 1 Orange (unbehandelt)
Schale von 1 Zitrone (unbehandelt)
65 g gesiebter Puderzucker
2 EL Gussflüssigkeit

1 EL geviertelte, kandierte Kirschen

Zubereitungszeit:
35 Minuten, ohne Durchziehzeit

Insgesamt:
E: 68 g, F: 254 g, Kh: 653 g, kJ: 22647, kcal: 5410

GUT VORZUBEREITEN

1 Für den Teig Butter oder Margarine mit Handrührgerät mit Rührbesen auf höchster Stufe geschmeidig rühren. Nach und nach Zucker, Bourbon-Vanillezucker, Zitronen- und Orangenschale, Salz und Nelken unterrühren, so lange rühren, bis eine gebundene Masse entstanden ist.

2 Eier nach und nach unterrühren (jedes Ei etwa ½ Minute). Mehl mit Kakao und Backpulver mischen, sieben und abwechselnd portionsweise mit Glühwein auf mittlerer Stufe unterrühren. Zuletzt die Kuvertüre unterrühren.

3 Den Teig in eine gefettete, gemehlte Napfkuchenform (Ø 22 cm) füllen. Die Form auf dem Rost in den Backofen schieben.

Ober-/Unterhitze: etwa 180 °C (vorgeheizt, unteres Drittel)
Heißluft: etwa 160 °C (nicht vorgeheizt)
Gas: Stufe 2–3 (nicht vorgeheizt)
Backzeit: 50–60 Minuten

4 Den Kuchen 10 Minuten in der Form stehen lassen, ihn dann auf einen Kuchenrost stürzen.

5 Zum Aprikotieren Zucker und Wasser unter Rühren erhitzen, bis der Zucker gelöst ist. Konfitüre durch ein Sieb streichen, hinzufügen und so lange kochen, bis die Masse anfängt dicklich zu werden. Den Kuchen damit bestreichen und erkalten lassen.

6 Für den Guss Glühwein mit Zucker aufkochen. Aus den Zitronen- und Orangenschalen feine Streifen (Julienne) schneiden, in die Flüssigkeit geben und etwas kochen lassen. Die Flüssigkeit durch ein Sieb gießen, auffangen und 2 Esslöffel abmessen. Die Julienne auf einem Küchentuch verteilen und trockentupfen.

7 Puderzucker mit der abgemessenen Gussflüssigkeit zu einer zähen Masse verrühren. Den Kuchen damit bestreichen und mit Juliennestreifen und Kirschvierteln bestreuen. Den Kuchen vor dem Verzehr mindestens 1 Tag durchziehen lassen.

Tipps: *Nach Belieben zusätzlich noch je 50 g Zitronat, Orangeat und kandierte Kirschen in Würfel schneiden und unter den Teig rühren.*
Gut verpackt und kühl gelagert ist der Glühweinkuchen 8–10 Tage haltbar.

Stollen aus Zwillingsteig

Zutaten

Für den Brandteig:
250 ml (¼ l) Wasser
50 g Butter oder Margarine
125 g Weizenmehl
3 Eier (Größe M)
25 g Zucker

Für den Rührteig:
150 g Butter oder Margarine
100 g Zucker
1 Pck. Vanillin-Zucker
1 Prise Salz
4 Tropfen Bittermandel-Aroma
1 Fläschchen Rum-Aroma
je 1 Msp. Zimt, Nelken, Kardamom, Muskatblüte (alles gemahlen)
1 Ei (Größe M)
1 Eigelb (Größe M)
400 g Weizenmehl
1 Pck. Backpulver

250 g Rosinen (oder je 125 g Rosinen und Korinthen)
100 g Zitronat (Sukkade)
100 g abgezogene, gehackte Mandeln
1 Eiweiß

Zum Bestreichen und Bestäuben:
100 g zerlassene Butter
50 g Puderzucker

Zubereitungszeit:
50 Minuten, ohne Kühlzeit

Insgesamt:
E: 121 g, F: 339 g, Kh: 813 g, kJ: 29669, kcal: 7089

ZUM VERSCHENKEN

1 Für den Brandteig Wasser und Butter oder Margarine am besten in einem Stieltopf zum Kochen bringen. Mehl sieben, auf einmal in die von der Kochstelle genommene Flüssigkeit schütten, zu einem glatten Kloß rühren und unter Rühren etwa 1 Minute erhitzen.

2 Den heißen Kloß sofort in eine Rührschüssel geben. Nach und nach Eier mit Handrührgerät mit Knethaken auf höchster Stufe unterarbeiten. Zum Schluss Zucker unterarbeiten und den Teig erkalten lassen.

3 Für den Rührteig Butter oder Margarine mit Handrührgerät mit Rührbesen geschmeidig rühren. Nach und nach Zucker, Vanillin-Zucker, Aromen und Gewürze unterrühren. Ei und Eigelb nach und nach unterrühren (je etwa ½ Minute).

4 Mehl mit Backpulver mischen und ⅔ davon unterrühren. Das restliche Mehl auf die Arbeitsfläche geben, den Rühr- und Brandteig zufügen und alles zu einem glatten Teig verkneten. Rosinen, Zitronat und Mandeln unterkneten.

5 Den Teig zu einem Stollen formen, dazu den Teig zu einer Rolle (etwa 40 cm lang) formen und mit einer Teigrolle der Länge nach eine Vertiefung eindrücken, die linke auf die rechte Seite schlagen, den mittleren Teil mit den Händen formen und den Stollen auf ein mit Backpapier (dreifach) belegtes Backblech legen. Den Teig mit verquirltem Eiweiß bestreichen. Das Backblech in den Backofen schieben.

Ober-/Unterhitze: vorheizen etwa 250 °C, backen etwa 180 °C (unteres Drittel)
Heißluft: vorheizen etwa 230 °C, backen etwa 160 °C
Gas: vorheizen etwa Stufe 5, backen Stufe 2–3
Backzeit: etwa 60 Minuten

6 Den Stollen sofort nach dem Backen mit der Hälfte der Butter bestreichen, mit Puderzucker bestäuben und etwas abkühlen lassen. Den Vorgang noch einmal wiederholen und den Stollen vollständig erkalten lassen.

Abwandlung: *Die Mandeln können durch Nüsse ersetzt oder ersatzlos gestrichen werden. Anstelle der verschiedenen Gewürze können auch 1–2 gestrichene Teelöffel Christstollengewürz verwendet werden. Anstelle der Rosinen oder des Zitronats können auch getrocknete, kleingewürfelte Aprikosen oder Orangeat verwendet werden.*

Tipps: *Stollen schmeckt gut durchgezogen am besten. Nach dem Erkalten gut in Alufolie verpacken und 1–2 Wochen durchziehen lassen. Gut verpackt und kühl aufbewahrt hält sich der Stollen etwa 4 Wochen.*
Aus dem Teig lassen sich auch gut 2 kleine Stollen (je etwa 30 cm lang) herstellen.

Quarkstollen

Zutaten

Für den Teig:
375 g Rosinen
100 ml Rum
500 g Weizenmehl
1 Pck. Backpulver
150 g Zucker
1 Pck. Vanillin-Zucker
1 Prise Salz
4 Tropfen Bittermandel-Aroma
je 1 Msp. Nelken, Kardamom, Ingwer, Muskatnuss und Zimt (alles gemahlen)
1 Pck. Orangenfrucht
2 Eier (Größe M)
200 g Butter oder Margarine
250 g Magerquark
250 g abgezogene, gemahlene Mandeln
150 g gewürfeltes Zitronat (Sukkade)
100 g gewürfeltes Orangeat

Zum Bestreichen und Bestäuben:
100 g zerlassene Butter
50 g Puderzucker

Zubereitungszeit:
30 Minuten, ohne Einweichzeit

Insgesamt:
E: 162 g, F: 401 g, Kh: 1030 g, kJ: 37753, kcal: 9019

KLASSISCH

1 Für den Teig Rosinen mit Rum vermischen und mehrere Stunden (am besten über Nacht) einweichen.

2 Mehl mit Backpulver mischen und in eine Rührschüssel sieben. Zucker, Vanillin-Zucker, Salz, Bittermandel-Aroma, Nelken, Kardamom, Ingwer, Muskat, Zimt, Orangenfrucht, Eier, Butter oder Margarine und Quark hinzufügen.

3 Die Zutaten mit Handrührgerät mit Knethaken zunächst kurz auf niedrigster, dann auf höchster Stufe gut durcharbeiten. Anschließend auf der Arbeitsfläche Mandeln, Zitronat, Orangeat und die Rum-Rosinen unterkneten, alles zu einem glatten Teig verkneten.

4 Den Teig zu einem Stollen formen, dazu den Teig zu einer Rolle (etwa 30 cm lang) formen und mit einer Teigrolle der Länge nach eine Vertiefung eindrücken, die linke auf die rechte Seite schlagen, den mittleren Teil mit den Händen formen und den Stollen auf ein mit Backpapier (dreifach) belegtes Backblech legen. Das Backblech in den Backofen schieben.

Ober-/Unterhitze: vorheizen etwa 250 °C, backen etwa 170 °C (unteres Drittel)
Heißluft: vorheizen etwa 200 °C, backen etwa 150 °C
Gas: vorheizen etwa Stufe 5, backen Stufe 2–3
Backzeit: 50–60 Minuten

5 Den Stollen sofort nach dem Backen mit der Hälfte der Butter bestreichen, mit der Hälfte des Puderzuckers bestäuben und etwas abkühlen lassen. Dann den Vorgang wiederholen und den Stollen vollständig erkalten lassen.

Tipps: *Anstelle der vielen unterschiedlichen Gewürze können auch 1–2 gestrichene Teelöffel Christstollengewürz verwendet werden. Besonders mürbe wird der Stollen, wenn 50 g der Butter oder Margarine durch feingehacktes Rinderfett ersetzt werden.*

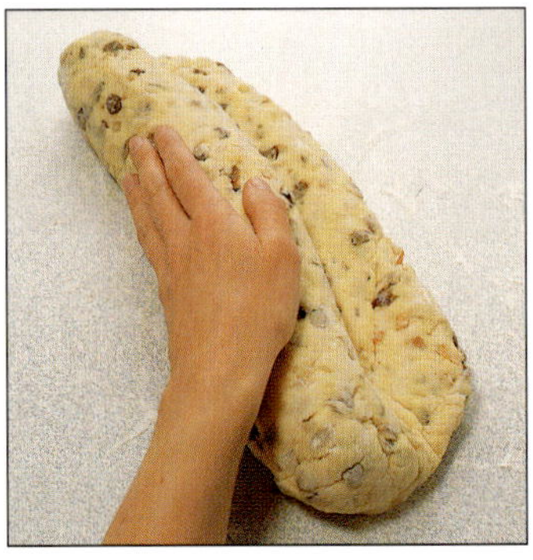

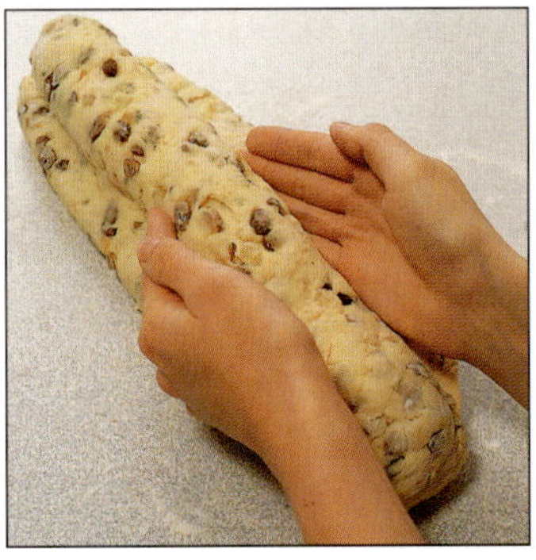

Früchtebrot

1 Für den Teig Haselnusskerne halbieren. Feigen in Würfel schneiden.

2 Eier mit Handrührgerät mit Rührbesen auf höchster Stufe schaumig schlagen. Nach und nach Zucker und Vanillin-Zucker hinzugeben, so lange schlagen, bis eine cremeartige Masse entstanden ist.

3 Rum-Aroma und Zimt unterrühren. Haselnüsse und Feigen zusammen mit Rosinen, Mandeln und Zitronat unter die Eiermasse rühren.

4 Mehl mit Speisestärke und Backpulver mischen, sieben und portionsweise unterrühren. Den Teig in eine Kastenform (30 x 11 cm, gefettet, mit Backpapier ausgelegt) füllen. Die Form auf dem Rost in den Backofen schieben.

Ober-/Unterhitze: etwa 180 °C (vorgeheizt)
Heißluft: etwa 160 °C (nicht vorgeheizt)
Gas: etwa Stufe 3 (nicht vorgeheizt)
Backzeit: 70–90 Minuten

5 Das Früchtebrot 10 Minuten in der Form stehen lassen, dann auf einen Kuchenrost stürzen und erkalten lassen.

Tipps: *Das Früchtebrot nach Belieben zusätzlich mit Puderzucker- oder Schokoladenguss überziehen.*
Das Früchtebrot ist gut verpackt und gekühlt 3–4 Wochen haltbar. Es kann auch gut eingefroren werden.

Abwandlung: *Für einen sehr saftigen* ***Früchte-Weihnachtskuchen*** *aus 300 g Butter oder Margarine, 200 g Zucker, 1 Päckchen Vanillin-Zucker, 6 Eigelb (Größe M), 250 g Weizenmehl, 50 g Speisestärke und 1 gestrichenen Teelöffel Backpulver einen Rührteig zubereiten. 6 Eiweiß (Größe M) mit 100 g Zucker steif schlagen und unterheben. 200 g getrocknete, gewürfelte Feigen, 100 g Rosinen, 100 g Zitronat (Sukkade), 200 g getrocknetes, gewürfeltes Mischobst (z. B. Aprikosen, Pflaumen, Apfelringe) und 100 g unabgezogene, gemahlene Mandeln oder Haselnusskerne unterheben. Den Teig in eine gefettete, gemehlte Kastenform (30 x 11 cm) füllen und bei der oben angegebenen Temperatur etwa 70 Minuten backen.*

Zutaten

Für den Teig:
125 g Haselnusskerne
125 g getrocknete Feigen
3 Eier (Größe M)
125 g Zucker
1 Pck. Vanillin-Zucker
½ Fläschchen Rum-Aroma
1 Msp. gemahlener Zimt
250 g Rosinen
60 g abgezogene, gehackte Mandeln
125 g gewürfeltes Zitronat (Sukkade)
125 g Weizenmehl
50 g Speisestärke
1 gestr. TL Backpulver

Zubereitungszeit:
40 Minuten

Insgesamt:
E: 79 g, F: 135 g, Kh: 607 g, kJ: 17315, kcal: 4136

GUT VORZUBEREITEN

Knusperhäuschen

Zutaten

Für den Teig:
300 g flüssiger Honig
75 g Zucker
2 Pck. Vanillin-Zucker
1 Ei (Größe M)
50 g sehr weiche Butter oder Margarine
4 EL Wasser
600 g Weizenmehl
30 g Kakaopulver
3 gestr. TL Backpulver

flüssige Schlagsahne

Zum Verzieren und Garnieren:
200 g gesiebter Puderzucker
Eiweiß
Nüsse
Süßigkeiten
Puderzucker

Zubereitungszeit:
100 Minuten, ohne Trockenzeit

Insgesamt:
E: 82 g, F: 59 g, Kh: 994 g,
kJ: 20600, kcal: 4922

FÜR KINDER

1 Für den Teig Honig mit Zucker, Vanillin-Zucker, Ei, Butter oder Margarine und Wasser mit Handrührgerät mit Rührbesen gut verrühren. Mehl mit Kakao und Backpulver mischen, sieben, ⅔ unterrühren, den Rest unterkneten, anschließend auf der bemehlten Arbeitsfläche zu einem glatten Teig verkneten.

2 Den Teig knapp ½ cm dick ausrollen. Zunächst die vordere und die hintere Seite des Hauses ausschneiden (am besten nach Papierschablone; 2 Giebelseiten: Seitenlänge 10 cm, Seitenhöhe 5 cm, Firsthöhe 14 cm). Dach (2 Rechtecke 14 x 12 cm) und Seitenteile (2 Rechtecke 5 x 12 cm) ausschneiden.

3 Die Teigstücke auf mit Backpapier belegte Backbleche legen und mit Sahne bestreichen. Aus einem Teil des restlichen Teiges Figuren in verschiedenen Größen ausstechen, auf das Dach legen und mit Sahne bestreichen. Das Backblech in den Backofen schieben.

Ober-/Unterhitze: etwa 200 °C (vorgeheizt)
Heißluft: etwa 180 °C (vorgeheizt)
Gas: etwa Stufe 4 (vorgeheizt)
Backzeit: etwa 15 Minuten pro Backblech

4 Die Gebäckteile vom Backpapier lösen und auf einem Kuchenrost erkalten lassen.

5 Für die Gebäckplatte einen Teil des restlichen Teiges auf einem gefetteten Backblech ausrollen und mit Sahne bestreichen. Aus dem restlichen Teig einen Zaun, Tannenbäume und Platten für den Hauseingang ausschneiden, mit auf das Backblech legen und mit Sahne bestreichen. Die Teigstücke wie oben angegeben backen und erkalten lassen.

6 Puderzucker mit so viel Eiweiß mit Handrührgerät mit Rührbesen verrühren, dass eine sehr zähe, streichfähige Masse entsteht. Die Hausteile auf der Gebäckplatte mit dem Guss zu einem Haus zusammensetzen und trocknen lassen.

7 Haus, Tannenbäume und Zaun mit dem Guss verzieren. Das Knusperhäuschen nach Belieben mit Nüssen und Süßigkeiten garnieren und mit Puderzucker bestäuben.

Tipps: *Die Gebäckteile müssen gut auskühlen (am besten über Nacht), sonst könnten sie zu weich sein und das Haus kann schnell einstürzen.*
Die Gebäckteile können auch schon einige Tage vor dem Zusammensetzen des Hauses gebacken werden.

Weihnachtsstern

Zutaten

Für den Rührteig:
200 g Butter oder Margarine
150 g Zucker
1 Pck. Vanillin-Zucker
1 Pck. Orangenfrucht
1 gestr. TL gemahlener Ingwer
1 Prise Salz
4 Eier (Größe M)
225 g Weizenmehl
2 ½ gestr. TL Backpulver
100 g gewürfeltes Zitronat (Sukkade)
100 g gewürfeltes Orangeat
75 g gewürfelte, getrocknete Aprikosen
100 g gewürfelte Belegkirschen (evtl. vor dem Schneiden abspülen)
100 g gehackte Cashewkerne
75 g Kokosraspel

Semmelbrösel

Zum Tränken:
100 ml Orangensaft
2 EL Orangenlikör

Für den Guss:
350–400 g gesiebter Puderzucker
3 EL Orangenlikör
etwa 3 EL Wasser

kandierte Früchte

Zubereitungszeit:
30 Minuten, ohne Trockenzeit

Insgesamt:
E: 87 g, F: 285 g, Kh: 983 g,
kJ: 30512, kcal: 7287

FÜR GÄSTE

1 Für den Teig Butter oder Margarine mit Handrührgerät mit Rührbesen auf höchster Stufe geschmeidig rühren. Nach und nach Zucker, Vanillin-Zucker, Orangenfrucht, Ingwer und Salz unterrühren. So lang rühren, bis eine gebundene Masse entstanden ist. Die Eier nach und nach unterrühren (jedes Ei etwa ½ Minute).

2 Mehl mit Backpulver mischen, sieben und portionsweise auf mittlerer Stufe unterrühren. Zitronat, Orangeat, Aprikosen, Belegkirschen, Cashewkerne und Kokosraspel vorsichtig auf mittlerer Stufe unter den Teig rühren.

3 Den Teig in eine gefettete, mit Semmelbröseln ausgestreute Sternbackform (1,5 l Inhalt) füllen. Die Form auf dem Rost in den Backofen schieben.

Ober-/Unterhitze: etwa 180 °C (vorgeheizt, unteres Drittel)
Heißluft: etwa 160 °C (nicht vorgeheizt)
Gas: etwa Stufe 3 (nicht vorgeheizt)
Backzeit: etwa 60 Minuten

4 Das Gebäck 10 Minuten in der Form stehen lassen, dann auf einen Kuchenrost stürzen und erkalten lassen.

5 Zum Tränken Orangensaft und -likör mischen. Den Kuchen damit tränken (mit Hilfe eines Pinsels).

6 Für den Guss Puderzucker, Orangenlikör und Wasser zu einer dickflüssigen Masse verrühren. Das Gebäck damit überziehen, mit kandierten Früchten garnieren und den Guss fest werden lassen.

Tipps: *Wenn Kinder mitessen, den Orangenlikör zum Tränken und für den Guss durch Orangensaft ersetzen.*
Den Stern vor dem Verzehr mindestens 1 Tag durchziehen lassen. Er ist gut verpackt und gekühlt etwa 10 Tage haltbar.

Nikolausstiefel

Zutaten

Für den Rühr-Knet-Teig:
125 g flüssiger Honig
50 g Zucker
1 Pck. Vanillin-Zucker
60 g Butter
1 Eigelb (Größe M)
1 Msp. gemahlener Zimt
1 Msp. gemahlene Nelken
250 g Weizenmehl
2 gestr. TL Backpulver
1 gestr. EL Kakaopulver

Für den Guss:
100 g gesiebter Puderzucker
Eiweiß

Gebäck-Schmuck
Schokolinsen
abgezogene, halbierte Mandeln

Zubereitungszeit:
50 Minuten, ohne Trockenzeit

Insgesamt:
E: 39 g, F: 69 g, Kh: 448 g,
kJ: 11167, kcal: 2668

FÜR KINDER

1 Für den Teig Honig mit Zucker, Vanillin-Zucker und Butter langsam erwärmen, zerlassen, in eine Rührschüssel geben und kalt stellen.

2 Unter die fast erkaltete Masse Eigelb, Zimt und Nelken mit Handrührgerät mit Rührbesen rühren. Mehl mit Backpulver und Kakao mischen, sieben und ⅔ davon portionsweise auf mittlerer Stufe unterrühren. Den Rest des Mehlgemisches auf der Arbeitsfläche unterkneten.

3 Den Teig gut ½ cm dick ausrollen und Stiefel von gewünschter Größe (am besten nach einer Papierschablone) ausschneiden. Aus dem restlichen Teig Plätzchen ausstechen. Die Teigstücke auf ein gefettetes Backblech legen. Das Backblech in den Backofen schieben.

Ober-/Unterhitze: etwa 200 °C (vorgeheizt)
Heißluft: etwa 180 °C (vorgeheizt)
Gas: etwa Stufe 4 (vorgeheizt)
Backzeit: etwa 15 Minuten

4 Das Gebäck vom Backblech nehmen und auf einem Kuchenrost erkalten lassen.

5 Für den Guss Puderzucker mit so viel Eiweiß verrühren, dass eine spritzfähige Masse entsteht, in ein Pergamentpapiertütchen füllen, eine kleine Spitze abschneiden und die Stiefel mit dem Guss verzieren.

6 Mit Gebäck-Schmuck, Schokolinsen und Mandeln garnieren und den Guss fest werden lassen. Die Plätzchen ebenfalls verzieren und garnieren.

Tipps: *Aus dem Teig können natürlich nach Belieben auch andere Figuren ausgeschnitten werden.*
Der Nikolausstiefel ist etwa 4 Wochen haltbar.

Weihnachtsbaum

Zutaten

Für den Rührteig:
350 g Butter oder Margarine
250 g Zucker
1 Pck. Vanillin-Zucker
1 Pck. Orangenfrucht
6 Eier (Größe M)
250 g Weizenmehl
100 g Speisestärke
2 gestr. TL Backpulver
100 g gehackte Vollmilch-schokolade

Semmelbrösel

Für den Guss:
150 g gesiebter Puderzucker
2 EL Orangensaft

Puderzucker
evtl. Schokoladenkugeln

Zubereitungszeit:
35 Minuten

Insgesamt:
E: 84 g, F: 360 g, Kh: 749 g,
kJ: 28239, kcal: 6746

FÜR KINDER

1 Für den Teig Butter oder Margarine mit Handrührgerät mit Rührbesen auf höchster Stufe geschmeidig rühren. Nach und nach Zucker, Vanillin-Zucker und Orangenfrucht unterrühren, so lange rühren, bis eine gebundene Masse entstanden ist. Eier nach und nach unterrühren (jedes Ei etwa ½ Minute).

2 Mehl mit Speisestärke und Backpulver mischen, sieben und portionsweise auf mittlerer Stufe unterrühren. Die Schokolade unterrühren.

3 Den Teig in eine gut gefettete, mit Semmelbröseln ausgestreute Weihnachtsbaum-Backform (1,5 l Inhalt) füllen und glattstreichen. Die Form auf dem Rost in den Backofen schieben.

Ober-/Unterhitze: etwa 180 °C (vorgeheizt, unteres Drittel)
Heißluft: etwa 160 °C (nicht vorgeheizt)
Gas: etwa Stufe 3 (nicht vorgeheizt)
Backzeit: 50–60 Minuten

4 Das Gebäck 10 Minuten in der Form stehen lassen, dann auf einen Kuchenrost stürzen und erkalten lassen.

5 Für den Guss Puderzucker mit Orangensaft zu einer zähflüssigen Masse verrühren, in ein Pergamentpapiertütchen füllen, eine kleine Spitze abschneiden und den Weihnachtsbaum damit verzieren. Den Baum mit Puderzucker bestäuben und nach Belieben mit Schokoladenkugeln garnieren.

Tipps: *Falls der Tannenbaum vollständig mit Guss überzogen werden soll, 200 g Puderzucker und 3–4 Esslöffel Orangensaft verwenden.*
Es gibt unterschiedliche Weihnachtsbaum-Backformen von mehreren Herstellern. Wer den Baum mit Sternen und Kreisen verzieren möchte, kann diese mit Puderzuckerguss aufspritzen. Nach Belieben vorher mit Hilfe von Plätzchenausstechern die Konturen markieren. Gut verpackt und kühl gelagert ist der Weihnachtsbaum etwa 1 Woche haltbar. Ohne Guss kann er auch eingefroren werden.

Abwandlung: *Den Baum vollständig mit aufgelöster Kuvertüre überziehen und nach Belieben auf der fest gewordenen Kuvertüre die Baumkonturen mit Puderzuckerguss nachziehen.*

Früchte-Marzipan-Stern

Zutaten

Für die Früchtemischung:
250 g Rosinen
100 g gehacktes Orangeat
100 g getrocknete, gewürfelte Aprikosen
100 ml Rum

Für den Hefeteig:
350 g Weizenmehl
1 Pck. Trockenhefe
75 g Zucker
1 Pck. Vanillin-Zucker
1 Pck. Orangenfrucht
2 TL Christstollengewürz
1 Prise Salz
100 ml lauwarme Milch
125 g weiche Butter oder Margarine
125 g Magerquark
100 g gehobelte Haselnusskerne

200 g Marzipan-Rohmasse

Zum Bestreichen und Bestäuben:
100 g zerlassene Butter
25 g gesiebter Puderzucker

Zubereitungszeit:
45 Minuten, ohne Einweich- und Teiggehzeit

Insgesamt:
E: 112 g, F: 327 g, Kh: 765 g, kJ: 29047, kcal: 6938

GUT VORZUBEREITEN

1 Für die Früchtemischung Rosinen, Orangeat und Aprikosen mit Rum mischen und einige Stunden (am besten über Nacht) zugedeckt einweichen.

2 Für den Teig Mehl in eine Rührschüssel sieben und mit Hefe sorgfältig vermischen. Zucker, Vanillin-Zucker, Orangenfrucht, Christstollengewürz, Salz, Milch, Butter oder Margarine und Quark hinzufügen.

3 Die Zutaten mit Handrührgerät mit Knethaken zunächst auf niedrigster, dann auf höchster Stufe in etwa 5 Minuten zu einem Teig verarbeiten. Den Teig zugedeckt so lange an einem warmen Ort stehen lassen, bis er sich sichtbar vergrößert hat.

4 Den Teig leicht mit Mehl bestäuben, aus der Schüssel nehmen und auf der Arbeitsfläche kurz durchkneten. Früchtemischung und Haselnüsse unter den Teig kneten.

5 Den Teig in 6 Teile teilen, jeweils zu einer Rolle von 20 cm Länge formen und längs in die Mitte eine Vertiefung drücken. Marzipan-Rohmasse ebenfalls sechsteln. Die Stücke jeweils zu einer Rolle von 20 cm formen, in die „Teigrinnen“ legen und mit Teig umschließen.

6 Jede Rolle zu einer Sternspitze formen, die Teigteile als Stern aneinander auf ein mit Backpapier belegtes Backblech legen und die „Nahtstellen“ fest andrücken. Den Stern nochmals zugedeckt so lange an einem warmen Ort stehen lassen, bis er sich sichtbar vergrößert hat. Das Backblech in den Backofen schieben.

Ober-/Unterhitze: vorheizen etwa 250 °C, backen etwa 160 °C
Heißluft: vorheizen etwa 230 °C, backen etwa 150 °C
Gas: vorheizen Stufe 4–5, backen Stufe 3–4
Backzeit: etwa 40 Minuten

7 Den noch heißen Stern mit Butter bestreichen, mit Puderzucker bestäuben und auf einem Kuchenrost erkalten lassen. Vor dem Verzehr gut durchziehen lassen.

Abwandlung: *Für die Früchtemischung können auch andere Früchte verwendet werden, z. B. getrocknete Pflaumen, Feigen oder Zitronat (alles gewürfelt), das Gesamtgewicht sollte jedoch gleich bleiben.*

Tipp: *Der Früchte-Marzipan-Stern ist gut verpackt 2–3 Wochen haltbar.*

Stutenkerle

Zutaten

Für den Hefeteig:
500 g Weizenmehl
1 Pck. Trockenhefe
abgeriebene Schale von
1 Zitrone (unbehandelt)
etwa 2 g gemahlener Safran
etwas gemahlener Zimt
100 g zerlassene, lauwarme
Butter oder Margarine
1 Ei (Größe M)
250 ml (¼ l) lauwarmes Wasser
2 EL Zucker
40 g Rosinen

Zum Verzieren und Garnieren:
4 Tonpfeifen
1 Eigelb
etwas Kakaopulver oder
gemahlener Zimt
Korinthen
Rosinen
Haselnusskerne

Zubereitungszeit:
45 Minuten, ohne Teiggehzeit

Insgesamt:
E: 76 g, F: 112 g, Kh: 450 g,
kJ: 13684, kcal: 3270

KLASSISCH

1 Für den Teig Mehl in eine Schüssel sieben und sorgfältig mit Hefe vermischen. Zitronenschale, Safran und Zimt hinzufügen und mit Mehl vermengen. Butter oder Margarine, Ei, Wasser und Zucker gut verrühren und in die Mehlmischung geben.

2 Die Zutaten mit Handrührgerät mit Knethaken zunächst auf niedrigster, dann auf höchster Stufe in etwa 5 Minuten zu einem Teig verarbeiten. Rosinen unterkneten. Den Teig zugedeckt an einem warmen Ort etwa 30 Minuten stehen lassen.

3 Den Teig mit Mehl bestäuben, aus der Schüssel nehmen, auf der Arbeitsfläche kurz durchkneten und 1–1 ½ cm dick ausrollen. Vier Stutenkerle ausschneiden (am besten nach einer Papierschablone) und auf ein gefettetes Backblech legen. Die Armkonturen mit Hilfe eines Messers formen.

4 Aus den Teigresten kleine Rollen und Kordeln formen und die Stutenkerle nach Belieben damit garnieren. Die Tonpfeifen unter den linken Arm der Stutenkerle schieben. Die Stutenkerle nochmals zugedeckt an einem warmen Ort etwa 20 Minuten stehen lassen.

5 Eigelb verschlagen, die Hälfte davon abnehmen und mit Kakao oder Zimt gut verrühren. Die Stutenkerle mit dem Eigelb und dem Eigelb-Kakao- bzw. Eigelb-Zimt-Gemisch unterschiedlich bestreichen. Als Augen Korinthen und als Mund und Nase Rosinen in den Teig drücken. Halbierte Haselnüsse als Knöpfe einsetzen. Das Backblech in den Backofen schieben.

Ober-/Unterhitze: etwa 180 °C (vorgeheizt)
Heißluft: etwa 160 °C (vorgeheizt)
Gas: Stufe 3–4 (vorgeheizt)
Backzeit: etwa 20 Minuten

6 Die Stutenkerle vom Backblech nehmen und auf einem Kuchenrost erkalten lassen.

Tipp: *Die Stutenkerle schmecken frisch am besten. Sie können auch eingefroren werden.*

Gefüllter Stern

Zutaten

Für den Rührteig:
100 g Butter oder Margarine
150 g Zucker
1 Pck. Vanillin-Zucker
½ Fläschchen Rum-Aroma
4 Eier (Größe M)
100 g fein geriebene Zartbitterschokolade
50 g Weizenmehl
2 Pck. Pudding-Pulver Schokoladen-Geschmack
1 ½ gestr. TL Backpulver
75 g abgezogene, gemahlene Mandeln

Für das Rumkonfekt:
Gebäckkrümel vom Stern
1 Pck. Jamaika Rum-Aroma
200 g Zartbitterschokolade
50 g weiche Butter
100 g Schokoladenraspel

Für das Marzipankonfekt:
100 g Marzipan-Rohmasse
50 g abgezogene, gemahlene Mandeln
50 g gemahlene Pistazienkerne
1 Pck. Bourbon-Vanille-Aroma
2 EL Mandellikör

Für den Guss:
150 g weiße Schokolade
20 g Kokosfett

kandierte Veilchen
gehackte Pistazienkerne
Kakaopulver
Puderzucker

Zubereitungszeit:
70 Minuten, ohne Durchzieh- und Kühlzeit

Insgesamt:
E: 123 g, F: 457 g, Kh: 665 g, kJ: 31738, kcal: 7582

ZUM VERSCHENKEN

1 Für den Teig Butter oder Margarine mit Handrührgerät mit Rührbesen auf höchster Stufe geschmeidig rühren. Nach und nach Zucker, Vanillin-Zucker und Rum-Aroma unterrühren. So lange rühren, bis eine gebundene Masse entstanden ist. Eier nach und nach unterrühren (jedes Ei etwa ½ Minuten). Schokolade unterrühren.

2 Mehl mit Pudding-Pulver und Backpulver mischen, sieben und portionsweise auf mittlerer Stufe unterrühren. Mandeln unterrühren. Den Teig in eine gut gefettete Stern-Backform (Ø 20 cm, 1 l Inhalt) füllen und glattstreichen. Die Form auf dem Rost in den Backofen schieben.

Ober-/Unterhitze: etwa 170 °C (vorgeheizt, unteres Drittel)
Heißluft: etwa 150 °C (nicht vorgheizt)
Gas: Stufe 2–3 (nicht vorgeheizt)
Backzeit: etwa 45 Minuten

3 Das Gebäck 10 Minuten in der Form abkühlen lassen, auf einen Kuchenrost stürzen und erkalten lassen. Den erkalteten Stern zunächst so einschneiden, dass ein Rand von 2 cm stehen bleibt. Dann die Mitte mit Hilfe eines Esslöffels etwas aushöhlen (100–150 g Gebäck). Den Stern in Alufolie verpackt bis zum nächsten Tag aufbewahren.

4 Für das Rumkonfekt die Gebäckkrümel mit einer Gabel fein zerdrücken, mit dem Rum-Aroma vermengen und 1 Tag durchziehen lassen.

5 Schokolade fein reiben, mit Butter und den Gebäckkrümeln gut verkneten. Aus der Masse Kugeln formen, in Schokoladenraspeln wenden und in Papier-Pralinenförmchen legen.

6 Für das Marzipankonfekt Marzipan-Rohmasse mit Mandeln, Pistazien, Bourbon-Vanille-Aroma und Mandellikör zu einer glatten Masse verkneten und etwa 2 Stunden kalt stellen.

7 Die Masse auf der mit Puderzucker bestäubten Arbeitsfläche knapp 2 cm dick ausrollen und kleine Motive ausstechen.

8 Für den Guss Schokolade in kleine Stücke brechen, zusammen mit dem Kokosfett in einem kleinen Topf im Wasserbad bei schwacher Hitze zu einer geschmeidigen Masse verrühren. Die Stücke damit überziehen und nach Belieben verzieren und garnieren, z. B. mit Veilchen oder Pistazien.

9 Den Gebäckstern zunächst mit Kakao, dann mit Puderzucker bestäuben. Das Konfekt in dem Stern anrichten.

Tipps: *Das Rumkonfekt nach Belieben in Kakaopulver, gemahlenen Mandeln oder gemahlenen Haselnusskernen wälzen und das Marzipankonfekt mit dunkler Schokolade überziehen.*
Der Stern ist gut verpackt und gekühlt etwa 1 Woche haltbar.

Adventszahlen

(Foto)

Zutaten

2 Eiweiß (Größe M)
2 EL (30 g) flüssiger Honig
80 g Weizenvollkornmehl

Zubereitungszeit:
15 Minuten, ohne Trockenzeit

Insgesamt:
E: 17 g, F: 2 g, Kh: 73 g,
kJ: 1652, kcal: 394

EINFACH

1 Eiweiß steif schlagen. Honig und Mehl mit einem Rührlöffel oder Teigschaber verrühren. Den Eischnee unterheben.

2 Die Masse in einen Spritzbeutel mit Lochtülle füllen und Zahlen auf gefettete, mit Backpapier belegte Backbleche spritzen. Die Zahlen bei Zimmertemperatur etwa 2 Stunden trocknen lassen.

3 Das Backblech in den Backofen schieben und die Zahlen hellgelb backen.

Ober-/Unterhitze: etwa 180 °C (vorgeheizt)
Heißluft: etwa 160 °C (vorgeheizt)
Gas: etwa Stufe 3 (vorgeheizt)
Backzeit: etwa 25 Minuten pro Backblech

4 Die Zahlen vom Backblech nehmen und erkalten lassen. Die erkalteten Zahlen luftdicht verpacken.

Gebäcktannen

Zutaten

Für den Knetteig:
300 g Weizenmehl
1 gestr. TL Backpulver
50 g Zucker
3 Eigelb (Größe M)
175 g Butter oder Margarine

Für den Belag:
2–3 EL Orangenmarmelade
3 Eiweiß (Größe M)
150 g Zucker
½ TL gemahlener Zimt
150 g Kokosraspel

Zubereitungszeit:
40 Minuten

Insgesamt:
E: 62 g, F: 256 g, Kh: 511 g,
kJ: 19682, kcal: 4702

FÜR KINDER

1 Für den Teig aus den Zutaten einen Knetteig zubereiten (Anleitung siehe „Kokosplätzchen") und knapp ½ cm dick ausrollen.

2 Aus dem Teig entweder mit Hilfe einer Papierschablone Tannenbäume ausschneiden oder mit Förmchen ausstechen und auf gefettete, mit Backpapier belegte Backbleche legen.

Ober-/Unterhitze: etwa 200 °C (vorgeheizt)
Heißluft: etwa 180 °C (vorgeheizt)
Gas: Stufe 3–4 (vorgeheizt)
Backzeit: etwa 10 Minuten pro Backblech

3 Für den Belag Orangenmarmelade durch ein Sieb streichen, die heißen Gebäcktannen damit bestreichen.

4 Eiweiß mit Zucker und Zimt steif schlagen, Kokosraspel unterheben und die Gebäcktannen damit bestreichen. Das Backblech wieder in den Backofen schieben.

Ober-/Unterhitze: 130–150 °C (vorgeheizt)
Heißluft: 110–130 °C (vorgeheizt)
Gas: Stufe 1–2 (vorgeheizt)
Backzeit: 20–25 Minuten pro Backblech

5 Die Gebäcktannen auf einem Kuchenrost erkalten lassen.

Aprikosen-Mandel-Brownies

Zutaten

Für den Rührteig:
200 g Blockschokolade
75 ml Wasser
100 g Butter oder Margarine
100 g Zucker
1 Pck. Vanillin-Zucker
1 gestr. TL gemahlener Zimt
3 Eier (Größe M)
150 g Weizenmehl
3 gestr. TL Backpulver
100 g feingewürfelte, getrocknete Aprikosen
50 g abgezogene, gehackte Mandeln

Für den Guss:
150 g Halbbitter-Kuvertüre

getrocknete Aprikosen
gehackte Mandeln

Zubereitungszeit:
20 Minuten

Insgesamt:
E: 88 g, F: 212 g, Kh: 514 g, kJ: 18886, kcal: 4513

SCHNELL

1 Für den Teig Schokolade in kleine Stücke brechen und mit Wasser und Butter oder Margarine in einem kleinen Topf im Wasserbad bei schwacher Hitze zu einer geschmeidigen Masse verrühren.

2 Die Masse in eine Rührschüssel geben und nach und nach Zucker, Vanillin-Zucker und Zimt mit Handrührgerät mit Rührbesen unterrühren. Eier nach und nach unterrühren (jedes Ei etwa ½ Minute).

3 Mehl mit Backpulver mischen, sieben und portionsweise auf mittlerer Stufe unterrühren. Aprikosen und Mandeln unterrühren. Einen Backrand (25 x 30 cm) auf ein mit Backpapier belegtes Backblech stellen, den Teig einfüllen und glattstreichen. Das Backblech in den Backofen schieben.

Ober-/Unterhitze: etwa 180 °C (vorgeheizt, unteres Drittel)
Heißluft: etwa 160 °C (vorgeheizt)
Gas: etwa Stufe 3 (vorgeheizt)
Backzeit: etwa 25 Minuten

4 Das Gebäck auf dem Backblech auf einem Rost erkalten lassen.

5 Für den Guss Kuvertüre zerkleinern, in einem kleinen Topf im Wasserbad bei schwacher Hitze zu einer geschmeidigen Masse verrühren und das Gebäck damit überziehen. Den noch feuchten Guss mit Aprikosen und Mandeln garnieren und fest werden lassen.

6 Die erkalteten Brownies in Würfel (etwa 4 x 4 cm) schneiden.

Tipps: *Anstelle der Mandeln können auch gehackte Walnusskerne verwendet werden.*
Sollte kein Backrand vorhanden sein, kann das Backblech auch mit einem mehrfach gefalteten Streifen Alufolie abgeteilt werden.

Rumtopf-Törtchen

Zutaten

(10 Stück)

Für den Knetteig:
250 g Weizenmehl
1 Pck. Vanillin-Zucker
1 Prise Salz
200 g Butter oder Margarine
1 Becher (150 g) Crème fraîche

2 Eigelb
Hagelzucker

Für die Füllung:
250 g Rumtopf-Früchte
100 ml Rumtopf-Flüssigkeit
100 ml Wasser
1 Pck. Tortenguss, rot
250 ml (¼ l) Schlagsahne
1 Pck. Sahnesteif
1 Pck. Vanillin-Zucker

Zubereitungszeit:
45 Minuten, ohne Kühlzeit

Insgesamt:
E: 45 g, F: 300 g, Kh: 346 g, kJ: 18926, kcal: 4523

MIT ALKOHOL

1 Für den Teig Mehl in eine Rührschüssel sieben. Vanillin-Zucker, Salz, Butter oder Margarine und Crème fraîche hinzufügen. Die Zutaten mit Handrührgerät mit Knethaken zunächst kurz auf niedrigster, dann auf höchster Stufe gut durcharbeiten.

2 Anschließend auf der bemehlten Arbeitsfläche zu einem glatten Teig verkneten. Sollte der Teig kleben, ihn eine Zeitlang kalt stellen.

3 Den Teig etwa 3 mm dick ausrollen, mit einer Form (Ø 10 cm) 20 Plätzchen ausstechen, auf ein gefettetes Backblech legen und mehrmals mit einer Gabel einstechen.

4 Eigelb verschlagen und die Teigplätzchen damit bestreichen. Die Hälfte der Plätzchen mit Hagelzucker bestreuen. Die Teigplätzchen 30 Minuten ruhen lassen, erst dann das Backblech in den Backofen schieben.

Ober-/Unterhitze: etwa 200 °C (vorgeheizt)
Heißluft: etwa 180 °C (vorgeheizt)
Gas: etwa Stufe 4 (vorgeheizt)
Backzeit: etwa 12 Minuten

5 Die Plätzchen vom Backblech lösen und auf einem Kuchenrost erkalten lassen.

6 Für die Füllung die Rumtopf-Früchte auf einem Sieb gut abtropfen lassen, dabei die Flüssigkeit auffangen, 100 ml abmessen und mit Wasser auf 200 ml ergänzen.

7 Aus Tortenguss und der abgemessenen Flüssigkeit nach Packungsanleitung – aber ohne Zucker – einen Guss zubereiten und die Früchte darunter rühren.

8 Sahne mit Sahnesteif und Vanillin-Zucker steif schlagen und in einen Spritzbeutel mit Lochtülle füllen. Auf die nicht mit Hagelzucker bestreuten Plätzchen in die Mitte jeweils etwas von der Rumtopf-Füllung geben, einen doppelten Sahnekranz darum spritzen und mit den bestreuten Plätzchen belegen.

Tipp: *Die gefüllten Törtchen frisch servieren. Ungefüllte Plätzchen sind gut verpackt 1–2 Wochen haltbar. Sie vor dem Füllen evtl. kurz aufbacken.*

Abwandlung: *Anstelle der Rumtopf-Früchte können auch andere Früchte verwendet werden. Dann die Rumtopf-Flüssigkeit durch Fruchtsaft oder eine Fruchtsaft-Wein-Mischung ersetzen.*

Glühweinmuffins
(Foto)

Zutaten

(12 Stück)

Für den Rührteig:
250 g Butter oder Margarine
250 g Zucker
1 Pck. Bourbon-Vanillezucker
1 Pck. Orangenfrucht
je 1 Msp. Zimt, Nelken, Kardamom (alles gemahlen)
4 Eier (Größe M)
200 g Weizenmehl
50 g Speisestärke
3 gestr. TL Backpulver
125 ml (⅛ l) Glühwein
100 g aufgelöste, abgekühlte Halbbitter-Kuvertüre

Puderzucker

Zubereitungszeit:
25 Minuten

Insgesamt:
E: 65 g, F: 242 g, Kh: 565 g, kJ: 20503, kcal: 4899

MIT ALKOHOL

1 Für den Teig Butter oder Margarine mit Handrührgerät mit Rührbesen auf höchster Stufe geschmeidig rühren. Nach und nach Zucker, Bourbon-Vanillezucker, Orangenfrucht und Gewürze unterrühren, so lange rühren, bis eine gebundene Masse entstanden ist. Eier nach und nach unterrühren (jedes Ei etwa ½ Minute).

2 Mehl mit Speisestärke und Backpulver mischen, sieben und abwechselnd portionsweise mit Glühwein auf mittlerer Stufe unterrühren. Kuvertüre unterrühren.

3 Den Teig in gefettete, gemehlte Muffinsformen (Muffinsblech mit 12 Löchern) füllen. Das Blech auf dem Rost in den Backofen schieben.

Ober-/Unterhitze: etwa 180 °C (vorgeheizt)
Heißluft: etwa 160 °C (vorgeheizt)
Gas: etwa Stufe 3 (vorgeheizt)
Backzeit: etwa 25 Minuten

4 Die Muffins 10 Minuten in der Form stehen lassen, dann lösen und auf einem Kuchenrost erkalten lassen.

5 Nach Belieben Streifen oder beliebige Schablonen (z. B. Sterne) aus Papier ausschneiden, auf die Muffins legen und mit Puderzucker bestäuben.

Abwandlung: *Unter den Muffinsteig zusätzlich 150 g klein gewürfelte, getrocknete Pflaumen heben. 50 g gesiebten Puderzucker mit 1–2 EL Glühwein zu einer dickflüssigen Masse verrühren und die Muffins mit Hilfe eines Teelöffels mit dem Guss besprenkeln.*

Zimtknusperchen

Zutaten

Für den Rühr-Knet-Teig:
2 Eier (Größe M)
200 g grobkörniger Zucker
3 schwach geh. TL gemahlener Zimt
1 Msp. gemahlene Nelken oder Piment
65 g feingehacktes Zitronat (Sukkade)
100 g abgezogene, gemahlene Mandeln
250 g Weizenmehl
½ Pck. Backpulver

1 Für den Teig Eier und Zucker mit Handrührgerät mit Rührbesen auf höchster Stufe schaumig rühren. Zimt, Nelken oder Piment, Zitronat und Mandeln unterrühren. Mehl mit Backpulver mischen, sieben und ⅔ davon auf mittlerer Stufe unterrühren. Das restliche Mehl auf der Arbeitsfläche unterkneten.

2 Den Teig knapp ½ cm dick ausrollen, in Rechtecke (etwa 3 x 5 cm) schneiden oder rädeln. Die Rechtecke auf mit Backpapier belegte Backbleche legen. Das Ei verschlagen, die Teigrechtecke damit bestreichen und mit Mandeln belegen.

(Fortsetzung Seite 106)

(Fortsetzung von Seite 104)

1 Ei
75–100 g abgezogene, halbierte Mandeln

Zubereitungszeit:
45 Minuten, ohne Durchziehzeit

Insgesamt:
E: 87 g, F: 119 g, Kh: 445 g,
kJ: 14174, kcal: 3386

GUT VORZUBEREITEN

Ober-/Unterhitze: 180–200 °C (vorgeheizt)
Heißluft: 160–180 °C (vorgeheizt)
Gas: Stufe 3–4 (vorgeheizt)
Backzeit: 12–15 Minuten pro Backblech

3 Die Zimtknusperchen auf einem Kuchenrost erkalten lassen. Die erkalteten Zimtknusperchen in gut schließende Dosen geben und etwa 10 Tage lang durchziehen lassen.

Tipp: *Anstelle der Mandeln können auch gemahlene Haselnusskerne verwendet werden.*
Die Zimtknusperchen sind etwa 4 Wochen haltbar.

Gewürzprinten

Zutaten

Für den Belag:
etwa 200 g Haselnusskerne

Für den Teig:
125 g dunkler Sirup
50 g Zucker
50 g Butter oder Margarine
2 EL Milch oder Wasser
50 g brauner Kandiszucker
3 Tropfen Zitronen-Aroma
½ gestr. TL gemahlener Anis
½ gestr. TL gemahlene Nelken
½ gestr. TL gemahlener Zimt
250 g Weizenmehl
3 gestr. TL Backpulver

Zubereitungszeit:
45 Minuten, ohne Kühl- und Durchziehzeit

Insgesamt:
E: 74 g, F: 195 g, Kh: 820 g,
kJ: 22934, kcal: 5476

KLASSISCH

1 Für den Belag die Haselnusskerne auf einem Backblech im Backofen unter häufigem Wenden rösten, bis die Häutchen abplatzen. Auf einem Küchentuch durch Reiben die Häutchen entfernen und die Haselnusskerne nach Belieben halbieren.

2 Für den Teig Sirup mit Zucker, Butter oder Margarine und Milch oder Wasser langsam erwärmen, zerlassen, in eine Rührschüssel geben und kalt stellen.

3 Kandiszucker in kleine Stücke schlagen und mit Zitronen-Aroma, Anis, Nelken und Zimt unter die fast erkaltete Masse rühren.

4 Mehl mit Backpulver mischen, sieben, ⅔ davon portionsweise unterrühren, den Rest unterkneten, sollte der Teig kleben, ihn eine Zeitlang kalt stellen.

5 Den Teig etwa ½ cm dick ausrollen, Rechtecke von etwa 2,5 x 7 cm daraus schneiden und auf ein gefettetes Backblech legen. Die Haselnüsse auf die Teigstücke legen. Das Backblech in den Backofen schieben.

Ober-/Unterhitze: etwa 200 °C (vorgeheizt)
Heißluft: etwa 180 °C (vorgeheizt)
Gas: etwa Stufe 4 (vorgeheizt)
Backzeit: etwa 10 Minuten

6 Die Printen vom Backblech nehmen und erkalten lassen. Vor dem Verzehr einige Tage durchziehen lassen.

Tipps: *Anstelle von braunem Kandis kann auch Grümmelkandis verwendet werden.*
150–200 g dunkle Kuvertüre in einem kleinen Topf im Wasserbad bei schwacher Hitze zu einer geschmeidigen Masse verrühren und die erkalteten Printen damit überziehen. Nach Belieben die Haselnusskerne erst dann auf die Printen legen.
Die Gewürzprinten sind etwa 4 Wochen haltbar.

Lebkuchenwaffeln

(Foto)

Zutaten

(12 Stück)

Für den Rührteig:
150 g Butter oder Margarine
50 g flüssiger Honig, 150 g Zucker
1 Pck Vanillin-Zucker
3 gestr. TL Lebkuchengewürz
4 Eier (Größe M)
350 g Weizenmehl
4 gestr. TL Backpulver
250 ml (¼ l) Milch

Puderzucker

Zubereitungszeit:
15 Minuten

Insgesamt:
E: 78 g, F: 162 g, Kh: 492 g,
kJ: 16173, kcal: 3863

SCHNELL

1 Für den Teig Butter oder Margarine mit Handrührgerät mit Rührbesen auf höchster Stufe geschmeidig rühren. Nach und nach Honig, Zucker, Vanillin-Zucker und Lebkuchengewürz unterrühren. Eier nach und nach unterrühren (jedes Ei etwa ½ Minute).

2 Mehl mit Backpulver mischen, sieben und portionsweise abwechselnd mit Milch auf mittlerer Stufe unterrühren. Den Teig portionsweise in einem gefetteten Waffeleisen goldbraun ausbacken. Die Waffeln mit Puderzucker bestäubt servieren.

Tipps: *Die noch warmen Waffeln mit einer Kugel Walnusseis und warmen Zimtpflaumen servieren.*

Abwandlung: *Zusätzlich 1 Päckchen Orangenfrucht und 25 g Kakaopulver unter den Teig rühren. Dann die Waffeln mit Orangenfilets und steifgeschlagener Sahne servieren.*

Honigkuchen

Zutaten

Für den Rührteig:
250 g Honig
125 g Butter oder Margarine
2 Eier (Größe M)
1 Pck. Lebkkuchengewürz
abgeriebene Schale von
1 Zitrone (unbehandelt)
375 g Weizenmehl
1 Pck. Backpulver
2 TL Kakaopulver
100 g Korinthen
100 g gemahlene Haselnusskerne

2 EL Milch
100 g abgezogene, gehobelte Mandeln
5 EL Aprikosen-Maracuja-Konfitüre

Für den Guss:
200 g Zartbitterschokolade
25 g Kokosfett

1 Für den Teig Honig mit Butter oder Margarine in einem Topf unter Rühren langsam erwärmen, zerlassen, in eine Rührschüssel geben und kalt stellen.

2 Unter die fast erkaltete Masse mit Handrührgerät mit Rührbesen Eier, Lebkuchengewürz und Zitronenschale auf höchster Stufe unterrühren.

3 Mehl mit Backpulver und Kakao mischen, sieben und portionsweise auf mittlerer Stufe unterrühren. Korinthen und Haselnüsse unterrühren.

4 Den Teig auf ein gut gefettetes Backblech (30 x 40 cm) streichen, mit Milch bestreichen und mit Mandeln bestreuen. Das Backblech in den Backofen schieben.

Ober-/Unterhitze: etwa 180 °C (vorgeheizt)
Heißluft: etwa 160 °C (vorgeheizt)
Gas: etwa Stufe 3 (vorgeheizt)
Backzeit: etwa 20 Minuten

(Fortsetzung Seite 110)

(Fortsetzung von Seite 108)

Zubereitungszeit:
30 Minuten

Insgesamt:
E: 108 g, F: 324 g, Kh: 707 g,
kJ: 26658, kcal: 6370

GUT VORZUBEREITEN

5 Konfitüre durch ein Sieb streichen, den Kuchen sofort nach dem Backen damit bestreichen und erkalten lassen.

6 Für den Guss Schokolade zerkleinern, mit Kokosfett in einem kleinen Topf im Wasserbad bei schwacher Hitze zu einer geschmeidigen Masse verrühren, auf den Kuchen streichen und erkalten lassen. Den Honigkuchen in beliebig große Stücke schneiden.

Tipps: *Die Kuchenstücke nach Belieben garnieren, z. B. mit halbierten Walnusskernen, Mandelblättchen oder Schokoladenornamenten.*
Die Gewürze sollten 2–3 Tage durchziehen. Gut verpackt und gekühlt ist der Honigkuchen 3–4 Wochen haltbar.

Schokomuffins mit Glühweinsirup

Zutaten

(12 Stück)

Für den Rührteig:
150 g Butter oder Margarine
100 g Zucker
1 Pck. Vanillin-Zucker
2 Eier (größe M)
200 g Weizenmehl
2 gestr. TL Backpulver
25 g Kakaopulver
100 g Raspelschokolade

Für den Glühweinsirup:
250 ml (¼ l) trockener Rotwein
125 g Zucker
1 Zimtstange
1 Pck. Orangenfrucht
etwas gemahlene Nelken
etwas gemahlener Kardamom

Zubereitungszeit:
30 Minuten

Insgesamt:
E: 51 g, F: 159 g, Kh: 470 g,
kJ: 15720, kcal: 3755

RAFFINIERT

1 Für den Teig Butter oder Margarine mit Handrührgerät mit Rührbesen auf höchster Stufe geschmeidig rühren. Nach und nach Zucker und Vanillin-Zucker unterrühren, so lange rühren, bis eine gebundene Masse entstanden ist. Eier nach und nach unterrühren (jedes Ei etwa ½ Minute).

2 Mehl mit Backpulver und Kakao mischen, sieben und portionsweise auf mittlerer Stufe unterrühren. Raspelschokolade unterrühren. Den Teig in gefettete, gemehlte Muffinsformen (Muffinsblech mit 12 Löchern) füllen. Das Blech auf dem Rost in den Backofen schieben.

Ober-/Unterhitze: etwa 180 °C (vorgeheizt)
Heißluft: etwa 160 °C (vorgeheizt)
Gas: etwa Stufe 3 (vorgeheizt)
Backzeit: etwa 25 Minuten

3 Die Muffins 10 Minuten in der Form stehen lassen, dann lösen und auf einem Kuchenrost erkalten lassen.

4 Für den Glühweinsirup Rotwein, Zucker, Zimtstange, Orangenfrucht, Nelken und Kardamom in einen breiten Kochtopf geben, zum Kochen bringen und etwa 10 Minuten bei schwacher Hitze einköcheln lassen. Den Sirup erkalten lassen und zu den Muffins reichen.

Tipps: *Den Muffinsteig zusätzlich mit etwas Zimt, Nelke und Kardamom (alles gemahlen) würzen.*
Der Teig kann auch in Papierbackförmchen gebacken werden, dann jeweils 2 Stück ineinander stellen.
Die Muffins eignen sich gut zum Einfrieren, nach dem Auftauen kurz aufbacken.
Der Glühweinsirup hält sich im Kühlschrank mehrere Tage.

Elisenlebkuchen

Zutaten

(etwa 40 Stück)

Für den Biskuitteig:
2 Eier (Größe M)
200 g brauner Zucker (Kandisfarin)
1 Pck. Vanillin-Zucker
1 Msp. gemahlene Nelken
½ Fläschchen Rum-Aroma
2 Tropfen Zitronen-Aroma
70 g fein gewürfeltes Orangeat oder Zitronat (Sukkade)
125 g nicht abgezogene, gemahlene Mandeln
125 g gemahlene Haselnusskerne

etwa 40 Oblaten (Ø 6 cm)

Für den hellen Guss:
150 g Puderzucker
1–2 EL heißes Wasser

Für den dunklen Guss:
75 g Zartbitterschokolade
10 g Kokosfett

Zubereitungszeit:
50 Minuten

Insgesamt:
E: 61 g, F: 175 g, Kh: 463 g,
kJ: 15844, kcal: 3783

KLASSISCH

1 Für den Teig Eier mit Handrührgerät mit Rührbesen auf höchster Stufe in 1 Minute schaumig schlagen. Zucker und Vanillin-Zucker in 1 Minute einstreuen, dann noch 2 Minuten schlagen.

2 Nelken, Rum-Aroma, Zitronen-Aroma, Orangeat oder Zitronat, Mandeln und Haselnüsse unterrühren.

3 Auf jede Oblate einen gehäuften Teelöffel Teig geben, mit einem in Wasser getauchten Messer bergförmig verstreichen und auf Backbleche legen. Das Backblech in den Backofen schieben.

Ober-/Unterhitze: 130–150 °C (vorgeheizt)
Heißluft: 110–120 °C (vorgeheizt)
Gas: Stufe 1–2 (vorgeheizt)
Backzeit: 25–30 Minuten pro Backblech

4 Die Lebkuchen vom Backblech nehmen und auf einen Kuchenrost legen.

5 Für den hellen Guss Puderzucker mit Wasser verrühren, die Hälfte der Lebkuchen sofort damit bestreichen und erkalten lassen.

6 Für den dunklen Guss Schokolade und Kokosfett in einem kleinen Topf bei schwacher Hitze im Wasserbad zu einer geschmeidigen Masse verrühren, die restlichen Lebkuchen damit bestreichen und erkalten lassen.

Tipps: *Die Elisenlebkuchen müssen sich nach dem Backen noch etwas feucht anfühlen, sie trocknen noch nach.*
In gut schließenden Dosen 2–3 Wochen haltbar.

Viererlei Törtchen

Zutaten

(20 Stück)

Für den Rührteig:
225 g Butter oder Margarine
175 g Zucker
1 Pck. Vanillin-Zucker
1 Prise Salz
5 Eier (Größe M)
200 g Weizenmehl
1 ½ gestr. TL Backpulver

Für die Teigvarianten:
50 g gemahlene Haselnusskerne
3 EL Rum

50 g Kokosraspel
½ Pck. Orangenfrucht
2 EL Orangensaft

25 g abgezogene, gehobelte Mandeln
25 g Raspelschokolade
1 EL Weinbrand

1 TL Kakaopulver
½ TL Zucker
2 EL Rum oder Milch

Für die erste Variante:
50 g Nuss-Nougat
1 gestr. TL Kokosfett
5 Stück Borkenschokolade

Für die zweite Variante:
40 g gesiebter Puderzucker
1 TL Orangensaft
1 kandierte Orangenscheibe
gehackte Pistazienkerne

Für die dritte und vierte Variante:
50 g Halbbitter-Kuvertüre
1 gestr. EL Kokosfett
25 g abgezogene, gehobelte Mandeln
5 weiße Trüffelpralinen-Hälften

Zubereitungszeit:
60 Minuten

Insgesamt:
E: 97 g, F: 376 g, Kh: 512 g, kJ: 25646, kcal: 6127

DAUERT LÄNGER

1 Für den Teig Butter oder Margarine mit Handrührgerät mit Rührbesen auf höchster Stufe geschmeidig rühren. Nach und nach Zucker, Vanillin-Zucker und Salz unterrühren. So lange rühren, bis eine gebundene Masse entstanden ist. Eier nach und nach unterrühren (jedes Ei etwa ½ Minute). Mehl mit Backpulver mischen, sieben und portionsweise auf mittlerer Stufe unterrühren.

2 Den Teig in 4 Teile teilen. Für die erste Variante ein Teigviertel mit Haselnüssen und Rum, für die zweite Variante ein Teigviertel mit Kokosraspel, Orangenfrucht und Orangensaft und für die dritte Variante ein Teigviertel mit Mandeln, Raspelschokolade und Weinbrand verrühren. Jede Teigvariante in 5 Papierbackförmchen verteilen.

3 Für die vierte Variante ⅔ des Teigviertels in 5 Papierbackförmchen füllen, unter den restlichen Teig Kakao, Zucker und Rum oder Milch rühren, den dunklen Teig auf den hellen geben und nach Belieben mit einer Gabel ein Marmormuster durch den Teig ziehen. Alle Förmchen auf ein Backblech stellen. Das Backblech in den Backofen schieben.

Ober-/Unterhitze: etwa 180 °C (vorgeheizt)
Heißluft: etwa 160 °C (vorgeheizt)
Gas: etwa Stufe 3 (vorgeheizt)
Backzeit: etwa 25 Minuten

4 Die Törtchen vom Backblech nehmen und auf einem Kuchenrost erkalten lassen.

5 Zum Garnieren der ersten Variante Nuss-Nougat mit Kokosfett in einem kleinen Topf im Wasserbad bei schwacher Hitze zu einer geschmeidigen Masse verrühren. Die Masse auf die Nusstörtchen streichen und mit Borkenschokolade garnieren.

6 Zum Garnieren der zweiten Variante Puderzucker mit Orangensaft verrühren und auf die Kokostörtchen streichen. Die kandierte Orangenscheibe in Stücke schneiden, auf den Guss legen und mit Pistazien bestreuen.

7 Zum Garnieren der restlichen Törtchen Kuvertüre zerkleinern und wie oben angegeben mit Kokosfett auflösen. Die Hälfte der Kuvertüre auf die vierte Variante, die Marmortörtchen, streichen und jedes Törtchen mit einer Pralinenhälfte garnieren.

8 Unter die restliche Kuvertüre die gehobelten Mandeln rühren und die Mandelmasse hügelartig auf den Mandel-Schoko-Törtchen verteilen.

Tipps: *Die Törtchen sind 2–3 Tage haltbar. Ohne Garnitur können die Törtchen eingefroren werden.*

Nuss-Cappuccino-Ecken

Zutaten

Für den All-in-Teig:
300 g Weizenmehl
1 Pck. Backpulver
300 g Zucker
1 Pck. Vanillin-Zucker
1 Pck. Orangenfrucht
½ TL gemahlener Zimt
4 Eier (Größe M)
200 g weiche Butter oder Margarine
200 ml kalter Cappuccino oder starker Kaffee
100 g gemahlene Haselnusskerne
100 g gehackte Haselnusskerne
100 g Zartbitter-Raspelschokolade

Zum Garnieren und Verzieren:
100 g Marzipan-Rohmasse
30 g Zucker
50 g Halbbitter-Kuvertüre

Zubereitungszeit:
25 Minuten

Insgesamt:
E: 115 g, F: 373 g, Kh: 735 g, kJ: 29191, kcal: 6972

SCHNELL

1 Für den Teig Mehl mit Backpulver mischen und in eine Rührschüssel sieben.

2 Zucker, Vanillin-Zucker, Orangenfrucht, Zimt, Eier, Butter oder Margarine, Cappuccino oder Kaffee, Haselnüsse und Raspelschokolade dazugeben und mit Handrührgerät mit Rührbesen auf höchster Stufe in 2 Minuten zu einem glatten Teig verarbeiten.

3 Einen Backrand (30 x 40 cm) auf ein gefettetes Backblech stellen, den Teig hineingeben und glattstreichen. Das Backblech in den Backofen schieben.

Ober-/Unterhitze: etwa 180 °C (vorgeheizt, unteres Drittel)
Heißluft: etwa 160 °C (vorgeheizt)
Gas: etwa Stufe 3 (vorgeheizt)
Backzeit: etwa 25 Minuten

4 Das Gebäck auf einem Kuchenrost erkalten lassen. Das erkaltete Gebäck in Rauten oder Dreiecke schneiden.

5 Marzipan-Rohmasse zwischen 2 Lagen Klarsichtfolie knapp ½ cm dick ausrollen, kleine Sterne ausstechen und in Zucker wenden.

6 Kuvertüre in einem kleinen Topf im Wasserbad bei schwacher Hitze zu einer geschmeidigen Masse verrühren und die Gebäckrauten oder -ecken mit Hilfe eines Teelöffels damit besprenkeln. Mit den Marzipansternen garnieren.

Tipps: *Besonders raffiniert schmecken die Ecken, wenn man 50 ml Cappuccino bzw. Kaffee durch Weinbrand, Kaffeelikör oder Rum ersetzt.*
Noch schneller geht es, wenn das Gebäck anstelle der Marzipansterne mit einem Puderzucker-Zimt-Gemisch bestäubt wird.

Abwandlung: *Für traditionelle* ***Nuss- oder Kokosecken*** *aus 200 g Weizenmehl, ½ gestrichenen Teelöffel Backpulver, 80 g Zucker, 1 Päckchen Vanillin-Zucker, 1 Prise Salz, 1 Ei (Größe M) und 100 g Butter oder Margarine einen Knetteig zubereiten, sollte er kleben, ihn eine Zeitlang kalt stellen. Den Teig auf einem gefetteten Backblech (30 x 40 cm) ausrollen und mit 2–3 Esslöffel Aprikosenkonfitüre bestreichen. Für den Belag 150 g Butter oder Margarine mit 150 g Zucker, 1 Päckchen Vanillin-Zucker und 4 Esslöffeln Wasser langsam erwärmen und zerlassen. 100 g gemahlene und 200 g gehobelte Haselnusskerne oder 300 g Kokosraspel unterrühren, kurz aufkochen und etwas abkühlen lassen. Den Belag gleichmäßig auf dem Teig verteilen. Vor den Teig einen mehrfach umgeknickten Streifen Alufolie legen. Bei 180–200 °C (Ober-/Unterhitze), 160–180 °C (Heißluft) oder Stufe 3–4 (Gas) 20–30 Minuten backen. Das Gebäck auf dem Backblech erkalten lassen. Es dann erst in Quadrate, dann in Dreiecke schneiden. Für den Guss 50 g Halbbitter-Kuvertüre mit etwas Kokosfett wie oben angegeben auflösen und die beiden spitzen Gebäckecken damit bestreichen oder mit Hilfe eines Teelöffels damit besprenkeln. In gut schließenden Dosen 3–4 Wochen haltbar.*

Schokocremetörtchen

Zutaten

(20 Stück)

Für den Knetteig:
250 g Weizenmehl
1 gestr. TL Backpulver
50 g Zucker
1 Pck. Vanillin-Zucker
2 EL Milch
175 g Butter

Für die Füllung:
½ Pck. Pudding-Pulver Schokoladen-Geschmack
40 g Zucker
250 ml (¼ l) Milch

Für den Guss:
125 g Zartbitterschokolade
10 g Kokosfett

125 g Butter
evtl. Kakaopulver

Zubereitungszeit:
35 Minuten, ohne Kühlzeit

Insgesamt:
E: 49 g, F: 310 g, Kh: 381 g,
kJ: 19469, kcal: 4651

RAFFINIERT

1 Für den Teig Mehl mit Backpulver mischen und in eine Rührschüssel sieben. Zucker, Vanillin-Zucker, Milch und Butter hinzufügen. Die Zutaten mit Handrührgerät mit Knethaken zunächst kurz auf niedrigster, dann auf höchster Stufe gut durcharbeiten.

2 Anschließend auf der bemehlten Arbeitsfläche zu einem glatten Teig verkneten, sollte er kleben, ihn eine Zeitlang kalt stellen.

3 Den Teig etwa 3 mm dick ausrollen, 40 Plätzchen (Ø etwa 7 cm) daraus ausstechen und auf gefettete Backbleche legen.

Ober-/Unterhitze: etwa 200 °C (vorgeheizt)
Heißluft: etwa 180 °C (vorgeheizt)
Gas: etwa Stufe 4 (vorgeheizt)
Backzeit: 12–15 Minuten pro Backblech

4 Die Plätzchen vom Backblech nehmen und erkalten lassen.

5 Für die Füllung aus Pudding-Pulver, Zucker und Milch nach Packungsanleitung einen Pudding zubereiten und kalt stellen. Den Pudding ab und zu durchrühren oder mit Klarsichtfolie zudecken, damit sich keine Haut bildet.

6 Für den Guss Schokolade in Stücke brechen, mit Kokosfett in einem kleinen Topf im Wasserbad bei schwacher Hitze zu einer geschmeidigen Masse verrühren. Die Hälfte der erkalteten Plätzchen auf der Oberseite damit bestreichen (etwas Guss zurücklassen).

7 Butter geschmeidig rühren, den erkalteten Pudding esslöffelweise darunter geben (dabei darauf achten, da weder Fett noch Pudding zu kalt sind, da die Creme sonst leicht gerinnen kann). Den restlichen flüssigen Schokoladenguss unterrühren.

8 Die Creme in einen Spritzbeutel mit großer Sterntülle füllen, die nicht bestrichenen Plätzchen auf der Unterseite spiralförmig damit bespritzen und die mit Schokoladenguss bestrichenen Plätzchen darauf legen. Die Törtchen nach Belieben mit Kakao bestäuben und gut gekühlt servieren.

Tipps: *Nach Belieben etwas von der Creme zurücklassen und die Oberflächen der Törtchen damit verzieren.*
Anstelle der Milch können für den Teig auch 1 Esslöffel saure Sahne verwendet werden.
Die gefüllten Törtchen sollten frisch verzehrt werden, das ungefüllte Gebäck kann 2–3 Wochen in einer gut schließenden Dose aufbewahrt werden.

Ratgeber

Knetteig

Wenn ein Knetteig sich nicht zu einem glatten Teig verkneten läßt, hilft die Zugabe von 1–2 Esslöffeln Wasser, Milch oder Alkohol. Fettreiche Teige, die durch weiches Fett oder Kneten mit der Hand (Handwärme) zu weich geworden sind, eine Zeitlang kalt stellen. Knetteige immer portionsweise auf der leicht bemehlten Arbeitsfläche ausrollen. Ausgestochenen Teig immer wieder für sich ausrollen, nicht mit frischem Teig verkneten. Denn je mehr Mehl unter den Teig kommt und je mehr der Teig nach der Fertigstellung noch geknetet wird, desto größer ist die Gefahr, dass der Teig bröckelt, da das Fett austritt und er läßt sich nicht mehr ausrollen.
Viele Weihnachtsgebäcke werden aus einem Rühr-Knet-Teig zubereitet, bei dem etwa ⅔ des Mehles untergerührt und die restliche Mehlmenge untergeknetet wird. Gebäcke aus diesem Teig werden besonders zart mürbe.

Makronenmasse

Die Eier müssen sehr sorgfältig getrennt werden, es darf kein Eigelb in dem Eiweiß sein, Schüssel und Rührbesen müssen sauber und fettfrei sein. Eine große Schüssel verwenden, denn um ein optimales Volumen zu erhalten, benötigt das Eiweiß viel Platz. Das Eiweiß erst auf niedrigster Stufe anschlagen, dann auf höchster Stufe steif schlagen. Zucker (pro Eiweiß rechnet man 50 g Zucker) portionsweise unterrühren (am besten feinkörnigen Zucker oder Puderzucker verwenden, da er sich schneller auflöst als grobkörniger Zucker). Eine Prise Salz fördert das Festwerden des Eischnees. Nicht zu lange rühren, die Masse darf nicht weich und stark glänzend werden. Die übrigen Zutaten (Kokosraspel, Nüsse, Mandeln) vorsichtig kurz unterheben, nicht rühren. Makronen bei nicht zu hoher Temperatur trocknen lassen (130–150 °C). Makronen müssen beim Herausnehmen aus dem Backofen noch etwas weich sein, da sie während der Abkühlphase noch nachtrocknen (die optimale Konsistenz der Makronen sollte außen kross und innen noch leicht feucht sein). Die Makronen auf einen Kuchenrost erkalten lassen, dann luftdicht verpacken. Makronen nicht unnötig lange unverpackt stehen lassen, sie ziehen die Luftfeuchtigkeit an und werden dann sehr schnell weich und zäh. Makronen am besten frisch verzehren (maximal 2 Wochen aufbewahren). Sie eignen sich nicht zum Einfrieren.

Gewürzmischungen

Gerade für die Weihnachtsbäckerei benötigt man viele verschiedene Gewürze. Wer nicht viele Einzelpackungen kaufen möchte, kann auch auf fertige Gewürzmischungen wie Christstollengewürz (besteht aus folgenden Einzelgewürzen: Zimt, Zitronenschale, Kardamom, Ingwer, Nelken, Galgantwurzel und Muskatblüte) oder Lebkuchengewürz (besteht aus Zimt, Orangenschale, Zitronenschale, Koriander, Sternanis, Muskatblüte, Fenchel, Nelken und Kardamom) zurückgreifen.
Natürlich kann man seine individuelle Gewürzmischung auch selber zusammenstellen und so nur die Zutaten verwenden, die man möchte, bzw. verträgt. Dazu die Einzelgewürze in folgenden Mengen zusammenstellen: je 1 Teelöffel Zimt und Zitronen- und/ oder Orangenschale und je 3–4 Messerspitzen Ingwer, Nelken, Kardamom, Muskatblüte usw. Gewürze die nicht im Handel erhältlich sind, bekommt man normalerweise in der Apotheke (z. B. Galgant)

Ratgeber

Austausch von Zutaten

Möchte man erprobte Rezepte mit hellem Mehl einmal mit Vollkornmehl zubereiten, muss man beachten, dass das Vollkornmehl durch einen erhöhten Schalenanteil mehr Feuchtigkeit aufnimmt und das Gebäck trockener wird. Damit das Gebäck nicht zu trocken wird, sollte man auf 100 g Mehl zusätzlich etwa 2 Esslöffel Flüssigkeit (Wasser oder Milch) verwenden.
Gerade in der Weihnachtszeit wird auch auf die Süßkraft von Honig zurückgegriffen. Honig verleiht vielen Gebäcken ein zusätzliches besonderes Aroma und wird in erster Linie in der Vollwertbäckerei eingesetzt. Die Süßkraft von Honig ist etwa 20 % geringer als die des Zuckers, d. h. im Austausch benötigt man für 80 g Zucker etwa 100 g Honig. Ein Teil des Zuckers kann durch Honig ersetzt werden. Aber gerade bei Rührteiggebäcken sollte auch immer Zucker verwendet werden, da dieser ein besseres Volumen bringt (Austausch Zucker gegen Honig etwa um 50 %). Bei Verwendung von Honig ist darauf zu achten, dass dieser stärker bräunt, d. h. Formgebäcke müssen evtl. nach der Hälfte der Backzeit abgedeckt werden.

Schablonen

Einige der Gebäcke wie z. B. Knusperhäuschen lassen sich am besten mit Hilfe einer Papierschablone anfertigen. Dazu das Motiv auf Pergament- oder Backpapier durchzeichnen, nach Bedarf mittels Kopierer vergrößern oder verkleinern und ausschneiden. Die Schablone auf den ausgerollten Teig legen, mit einem Messer ausschneiden und die Teigstücke mit einer Backpalette oder Teigkarte auf das vorbereitete Backblech legen.

Backen von Plätzchen

Zum Abbacken von Plätzchen und Kleingebäck können die Teigstücke entweder auf ein gefettetes, oder mit Backpapier belegtes Backblech gelegt werden, sehr fettreiche Teige (z. B. Knetteige) können direkt auf ungefettete Backbleche gelegt werden.
Gerade bei Plätzchen werden oftmals mehrere Backbleche gleichzeitig benötigt, dann ist es sinnvoll, mit Backpapier zu arbeiten. Dazu Backpapier in der Größe des Backbleches zuschneiden, auf der Arbeitsfläche auslegen, die Gebäckstücke darauf legen und mit dem Backpapier von der offenen Seite auf das Backblech ziehen. So kann der Teig schon weiterverarbeitet werden, während das Backblech gerade im Backofen ist. Außerdem muss das Backblech nicht so oft gereinigt werden. Das Backpapier nimmt etwas von der Unterhitze, so dass z. B. Knetteiggebäcke direkt auf dem Backblech gebacken etwas besser ausbacken und etwas krosser sind.
Plätzchen sollten sofort nach dem Backen vom Backblech gezogen werden und auf einem Auskühlgitter erkalten. Sonst kann Schwitzfeuchtigkeit in das Gebäck gelangen und es wird weich. Sehr kleines und dünnes Gebäck am besten direkt mit dem Backpapier auf die Arbeitsfläche ziehen und dort erkalten lassen, da es sich auf einem Kuchenrost verformen könnte.
Sollen an einem Tag mehrere Gebäcksorten zubereitet werden, kann man die Teige zum größten Teil bereits am Vortag zubereiten. Knetteige eignen sich generell dazu, Rührteige zum Spritzen sollten nicht solange kalt stehen, sonst wird das verwendete Fett zu fest und man kann den Teig nicht mehr spritzen. Makronenmassen müssen direkt nach der Zubereitung weiterverarbeitet werden.

Ratgeber

Kuvertüre

Die benötigte Kuvertüremenge grob hacken, in einem kleinen Topf im Wasserbad erwärmen, und unter mehrmaligem Umrühren auflösen. Das Wasserbad sollte nicht heißer als etwa 50 °C sein. Nach dem Auflösen Kuvertüre wieder abkühlen lassen, anschließend nochmals erwärmen und das Gebäck damit überziehen. Dieser Vorgang nennt sich Temperieren, und gewährleistet eine gleichmäßige, leicht glänzende Oberfläche. Wenn mit Kuvertüre überzogene Gebäcke im Kühlschrank gelagert werden, bilden beim Herausnehmen Wassertröpfchen auf der Oberfläche, da das Gebäck durch den Temperaturunterschied zu schwitzen anfängt. Nach einer Stehzeit verschwinden diese Bläschen aber wieder. Es gibt keine geschmacklichen Beeinträchtigungen. Durch Zugabe von etwas Kokosfett zu der Kuvertüre erreicht man einen noch schöneren Glanz, durch Zugabe von etwas Speiseöl bekommt man einen etwas weicheren Überzug, der besser zu schneiden ist. Während des Schmelzvorgangs darf kein Wasser in die Kuvertüre gelangen, da sie dadurch fest würde und sich nicht mehr glatt verstreichen ließe.

Puderzuckerguss

Zum Verzieren von Gebäck mit Puderzuckerguss mit Hilfe eines Pergamentpapiertütchens darf der Guss nicht zu flüssig sein, da er sonst zu breit auseinander laufen würde.
Zum Zusammenkleben von Gebäckstücken oder Befestigen von Garnierungen sollte der Guss nur mit wenig Flüssigkeit zu einer besonders zähen Masse verrührt werden.

Papiertütchen

Zum Verzieren der Torten mit Puderzucker- oder Schokoladenguss verwendet man am besten ein selbstgemachtes Papiertütchen.

Dazu aus Pergament- oder Backpapier ein Dreieck schneiden. Die lange Seite des Dreiecks in der Mitte mit dem Daumen und Zeigefinger der einen Hand festhalten. Mit der anderen Hand die eine breite Spitze des Papiers nach innen eindrehen, die andere Spitze außen herumdrehen, so dass die Tüte eine feste Spitze bekommt. Das hinten überstehende Papier mehrfach nach innen umknicken und so die Tüte stabilisieren. Die Tüte etwa zur Hälfte mit dem entsprechenden Guss füllen und durch mehrfaches Umknicken des Randes verschließen, dabei die Luft aus der Tüte drücken. Mit einer Schere eine kleine Spitze abschneiden.

Vorratshaltung

Alle Gebäcke müssen vor dem Verpacken ganz erkaltet sein. Generell Plätzchen kühl und trocken aufbewahren und sortenrein verpacken. Bei gefüllten und glasierten Gebäcken immer eine Lage Pergament- oder Backpapier zwischen die einzelnen Schichten Gebäck legen. Plätzchen und Kleingebäck (auch Makronen), die knusprig bleiben sollen, müssen in fest verschließbaren Dosen aufbewahrt werden (evtl. zum Abdichten eine Lage Alufolie zwischen Deckel und Dose klemmen). Plätzchen die weich werden sollen (z. B. Lebkuchen), so lange an der Luft stehen lassen, bis sie die gewünschte Konsistenz erreicht haben. Dann in Dosen mit lose aufgelegten Deckel verpacken. Damit die Gebäcke weich bleiben, eine Scheibe Brot oder eine Apfelhälfte mit in die Dose legen, das Gebäck nimmt dann die

Ratgeber

dort enthaltene Feuchtigkeit auf. Ganz wichtig ist, Brot oder Apfel häufig auszuwechseln, da es sonst zu Schimmelbildung kommen kann. Gewürzte Gebäcke und Plätzchen sollten vor Verzehr einige Tage liegen, damit sich die Gewürze voll entfalten können.
Um immer frisches Gebäck zu haben, kann man z. B. Knetteiggebäck ausrollen, ausstechen auf Backbleche oder Backpapier legen, verpacken und einfrieren. Die vorbereiteten Bleche nach Bedarf einfach in den Backofen schieben (die Backzeit erhöht sich dann um 2–4 Minuten).
Um zu Weihnachten eine schöne Auswahl an Gebäcken zu haben, können Sie stressfrei schon einige Wochen vorher mit dem Backen anfangen (siehe untenstehende Tabelle).
Generell gilt, dass alle Gebäcke gut verpackt und kühl und trocken gelagert werden müssen.

Fahrplan für die Weihnachtsbäckerei

Zeitpunkt	Gebäcksorte	Bemerkungen
4 Wochen vorher	Stollen	– Gewürze müssen gut durchziehen – gefriergeeignet
3–4 Wochen vorher	gewürzte Rührteiggebäcke, z. B. Honigkuchen, Spekulatius	– Gewürze müssen durchziehen (mindestens 2–3 Tage) – z. T. gefriergeeignet
3–4 Wochen vorher	Rührteiggebäcke, z. B. Nuss-Cappuchino-Ecken, Spritzgebäck	– schmecken frisch und noch nach 4 Wochen
3–4 Wochen vorher	ungefüllte Knetteiggebäcke, z. B. Nuss- oder Kokosecken, Schwarz-Weiß-Gebäck	– gefriergeeignet
3 Wochen vorher	Konfekt und Pralinen	– ohne Verwendung von rohem Ei
2 Wochen vorher	gefüllte und feuchte Gebäcke, z. B. Zimtsterne, Punschherzen	– Gebäcklagen mit Back- oder Pergamentpapier trennen – nicht gefriergeeignet
1–2 Wochen vorher	Makronen	– fest schließende Dosen – nicht gefriegeeignet
1–2 Wochen vorher	Konfekt und Pralinen mit Ei	– nur frisches Ei verwenden – bedingt gefriergeeignet
max. 1 Woche vorher	große Rührteiggebäcke, z. B. Glühweinkuchen	– Gewürze müssen durchziehen (mindestens 2 Tage)
3–4 Tage vorher	kleine und gefüllte Rührteiggebäcke, z. B. Glühweinmuffins, Gefüllter Stern	– Muffins evtl. kurz aufbacken – gefriergeeignet
2–3 Tage vorher	Torten, z. B. Adventstorte, Mokka-Sahne-Kranz	– müssen durchziehen – gekühlt servieren – gefriergeeignet
2–3 Tage vorher	Böden vorbereiten, z. B. Friesische Weihnachtstorte, Schokocremetörtchen	– frisch (max. 1 Tag vorher) füllen – gefriergeeignet
1–2 Tage vorher	Torten fertigstellen	

Kapitelregister

Kapitelregister

Kuchen & Torten

Figürliches Backen

Kleingebäck

Alphabetisches Register

Alphabetisches Register

Umwelthinweis: Dieses Buch und der Schutzumschlag wurden auf chlorfrei gebleichtem Papier gedruckt. Die Einschrumpfolie – zum Schutz vor Verschmutzung – ist aus umweltfreundlicher und recyclingfähiger PE-Folie.

Die Schreibweise in diesem Buch entspricht den Regeln der neuen Rechtschreibung.

Wenn Sie Anregungen, Vorschläge oder Fragen zu unseren Büchern haben, rufen Sie uns an (0521) 520645 oder schreiben Sie uns:

Ceres Verlag
Am Bach 11
33602 Bielefeld

Redaktion: Eva-Maria Dammeier

Fotos
Titelfoto: Thomas Diercks, Hamburg

Innenfotos: Bernd Lippert, Bielefeld
Ulrich Kopp, Füssen
Thomas Diercks, Hamburg
Brigitte Wegner, Bielefeld
Norbert Toelle, Bielefeld
Kramp & Gölling, Hamburg

Rezeptentwicklung und -beratung: Sabine Lange, Dörmte

Graphisches Konzept: Björn Carstensen, Hamburg
Gestaltung: Kontur Design, Bielefeld
Titelgestaltung: Kontur Design, Bielefeld

Reproduktionen: Kruse Reproduktionen GmbH, Vreden

Satz: Typografika, Bielefeld

Druck: Mohndruck Graphische Betriebe GmbH, Gütersloh

ISBN 3-7670-0236-1